Sonne, Meer & Glück

Mediterranes Lebensgefühl für zuhause

Meer ist
das Glück,
das die Seele
schweben lässt.

Rauschende Wellen und Sand zwischen den Zehen – Urlaub am Mittelmeer ist Glück pur!

Wenn du schon mal in einem mediterranen Land Urlaub gemacht hast, kennst und liebst du wahrscheinlich die Vielfalt und Schönheit der Mittelmeerländer – die ungebändigte Natur, die reiche Kultur und Geschichte und das Lebensgefühl seiner Bewohner*innen, das voller Leichtigkeit im Hier und Jetzt verankert ist. Wenn wir ans Mittelmeer reisen, übernehmen wir ganz automatisch etwas von dieser Lebensweise, wir schalten einen Gang zurück, genießen die schönen Momente bewusster. Wenn wir dann wieder zuhause sind, möchten wir dieses Gefühl noch ein Weilchen bei uns tragen, aber oft kommt uns dann der Alltag dazwischen. Genau für diese Momente der Sehnsucht nach dem Süden ist dieses Buch gedacht. Schlage es auf und träume dich zurück ans Meer.

Komm mit auf eine Reise durch die Mittelmeerländer Spanien, Frankreich, Italien, Kroatien und Griechenland. Lass dich entführen an die bezauberndsten Mittelmeerorte, von Andalusien bis nach Kreta. Erfahre Besonderes und Kurioses zu Land und Leuten. Und wenn du magst, werde selbst aktiv und probiere eines der mediterranen Rezepte aus, verwöhne deinen Körper mit selbst hergestellter Naturkosmetik oder gib deiner Wohnung und deinem Balkon einen südlichen Chic.

Also dann:
Bye-bye Alltag und auf zum Mittelmeer!

Spanien

STECKBRIEF

EINWOHNER*INNEN: 47,5 Millionen

KÜSTENLÄNGE: 7.268 Kilometer

DIE TOP 3 DER STÄDTE MIT DEN MEISTEN SONNENSTUNDEN:
1. Sevilla: 2.898 Sonnenstunden / Jahr
2. Alicante: 2.864 Sonnenstunden / Jahr
3. Madrid: 2.769 Sonnenstunden / Jahr

MEERE: Mittelmeer, Atlantik, Kantabrisches Meer

DIE GRÖSSTEN INSELN IM MITTELMEER:
Mallorca, Menorca, Ibiza

DIE TOP 3 DER SCHÖNSTEN STRÄNDE:
Playa de Ses Illetes – Formentera
Playa de los Genoveses – Almeria
Playa de las Arenas – Valencia

REGIONEN MIT KÜSTE AM MITTELMEER:
Katalonien, Valencia, Murcia, Andalusien, Balearen (Inselgruppe)

TOURISMUS: 83,7 Millionen Tourist*innen (2019); Spanien ist das zweitbeliebteste Urlaubsreiseziel der Welt.

FUN FACTS:
* Spanien hat mehr Olivenbäume als jedes andere Land der Welt.
* In Spanien macht man auch gerne Aprilscherze, allerdings am 28. Dezember.
* Spanien hat die höchste Bardichte aller europäischen Länder.

Viva la vida y viva España!

Spanische Leidenschaft und Lebensfreude, leckere Tapas, süffiger Wein, wunderschöne Strände und Naturschönheiten – all das lockt Millionen Reisende Jahr für Jahr auf die Pyrenäenhalbinsel. Kein Wunder, denn Spanien ist ein echter Sehnsuchtsort mit kilometerlangen Küstenlinien, Sonne satt, traumhaften Inseln und dem locker-lässigen Lebensgefühl der Spanier*innen.
Ein Urlaub auf der iberischen Halbinsel hält viele besondere Schätze für seine Besuchenden bereit. Kunst- und Architekturinteressierte können sich zum Beispiel bei einem Besuch der maurischen Alhambra in Granada oder der berühmten Sagrada Família Antoni Gaudís in Barcelona verzaubern lassen. Wer so richtig in die Kultur Südspaniens eintauchen will, kommt nicht am traditionellen Flamenco vorbei, der das sogenannte „spanische Feuer“, die Leidenschaft, Hingabe und Energie der Spanier*innen, hautnah erlebbar macht.

Um von der Hitze des Sommers abzukühlen, laden kilometerlange Strände zum Schwimmen, Sonnen und Relaxen ein. Egal, ob auf dem Festland oder auf den Balearischen Inseln – wunderschöne Strände mit kristallklarem Wasser warten überall darauf, entdeckt und genossen zu werden.

Und wer nach einem ausgedehnten Strandtag Appetit hat, kann sich auf köstliche spanische Gerichte freuen: Paella, Tortilla oder die beliebten Tapas. Bei der großen Auswahl an den kleinen Happen mit Gemüse, Fleisch oder Fisch ist für jede*n das Richtige dabei. Im Gegensatz zur deutschen Küche bestellt man in Spanien Tapas für die ganze Runde und jede*r kann sich nach Herzenslust durchprobieren. Dazu noch ein Glas Rioja, Cava oder Tinto de Verano und der Abend ist perfekt.

¡Salud!

Spanien kann vielleicht mal
das Brot ausgehen,
aber an Geist und guter Laune
wird es nie fehlen.

Ramón María del Valle-Inclán

Gazpacho

EIN EVERGREEN AUF SPANISCHEN SPEISEKARTEN

Besonders im Sommer ist die *Gazpacho* ein beliebtes Gericht. Ihren Ursprung hat die kalte Gemüsesuppe in Andalusien, wird heute aber im ganzen Land gerne gegessen bzw. getrunken. Sie wird aus frischem, rohem Gemüse der Saison zubereitet und ist im Handumdrehen auf dem Tisch. Erfrischend, lecker und noch dazu unglaublich gesund. Perfekt für heiße Sommertage!

ZUTATEN für 4 Portionen:

1 kg reife Tomaten
2 Paprika (grün und rot)
1 Salatgurke
1 Zwiebel
2 Knoblauchzehen
2 Scheiben Weißbrot
4 EL Olivenöl
3 EL Rotweinessig
Salz, Pfeffer und ggf. etwas Zitronensaft zum Abschmecken

SO GEHT'S:

Das Gemüse waschen und kleinschneiden. Das Weißbrot kleinzupfen und kurz in 3-5 EL lauwarmem Wasser einweichen und ausdrücken. Dann alle Zutaten in einen Standmixer geben bzw. mit einem Pürierstab in einer großen Schüssel pürieren. Sobald eine homogene, feine Suppe entstanden ist, ist die *Gazpacho* auch schon fertig zubereitet. Abschmecken und bei Bedarf noch mit Salz, Pfeffer und ggf. etwas Zitronensaft nachwürzen. Im Kühlschrank für ein paar Stunden kaltstellen. *Gazpacho* wird in Spanien sowohl in Suppentellern mit Löffel als auch in Gläsern zum Trinken serviert – du hast die Wahl.

¡Buen provecho!

Die Siesta

CHILLEN IN DER MITTAGSPAUSE

Mittagspause schön und gut, aber gleich ein paar Stunden? Die Siesta wird von vielen Nicht-Spanier*innen in unserer Leistungsgesellschaft als etwas übertrieben und unzeitgemäß angesehen. Doch die Spanier*innen sind tatsächlich verrückt nach ihrem Nachmittagsschlaf! Typischerweise legen sie sich nach dem Mittagessen zur Ruhe, in der Zeit, in der die Sonne am heißesten auf die Erde brennt, und flüchten somit vor der glühenden Hitze der Sommertage. Die Siesta wird jedoch auch in den weniger warmen Jahreszeiten eingehalten und ist fester Bestandteil des spanischen Tagesablaufs. Und das gilt nicht nur für betagtere Spanier*innen, auch Kinder und Berufstätige pausieren am Nachmittag für eine Weile und schöpfen dadurch neue Kraft für die langen Abende.

Das Geheimnis einer erholsamen Siesta liegt dabei in der Länge des Schlafs: Die ideale Siesta dauert nicht länger als 20 Minuten. Das Chillen kann aber auf mehrere Stunden ausgedehnt werden, indem man zwar wach ist, den Nachmittag aber weithin ruhig angeht.

Ihren Ursprung hat die Siesta in den Zeiten, in der weite Teile der Bevölkerung in der Landwirtschaft tätig waren. Die Nachmittagsstunden waren zu heiß für die Arbeit auf dem Feld, deshalb wurden sie zum Ruhen genutzt, um anschließend bis in die späten und vor allem kühlen Abendstunden zu arbeiten. Heute haben es die meisten Spanier*innen deutlich bequemer und nutzen die lauen Abende zum Bummeln und gemeinsamen Essen mit der Familie und dem Freundeskreis.

Da fehlen einem die Worte

Spanische Vokabeln, die sich nicht übersetzen lassen

Olé

Olé ist eines der beliebtesten und bekanntesten spanischen Wörter. Es ist ein Ausruf der Freude, eine Art Jubel wie „Juhu“ oder auch ein Ausdruck der Anerkennung bzw. des Lobes für eine Person oder ein Ereignis.

Estrenar

Dieses Verb drückt aus, dass etwas zum ersten Mal getragen bzw. verwendet wird. Es lässt sich sowohl bei Kleidung als auch bei anderen Gegenständen anwenden und unterstreicht das besondere Gefühl, etwas Neues zu haben und es zum ersten Mal zu benutzen.

Ojalá

Ein Ausdruck, der einem in spanischen Alltagskonversationen häufig und in verschiedensten Kontexten begegnet. Spanier*innen drücken damit, je nach Situation, „hoffentlich“, „schön wär's“ oder „so Gott will“ aus. Seine Wurzeln hat das Wort ursprünglich im Arabischen und wurde im Laufe der Jahrhunderte durch das Altspanische zum heutigen *Ojalá*.

Sobremesa

Dieses Wort beschreibt das gemütliche Beisammensein am Tisch nach einem langen Abendessen mit Familie oder Freund*innen, anregende Gespräche und lustige Anekdoten inklusive.

Botellón

Beim *Botellón* trifft man sich in geselliger Runde auf der Straße oder in Parks, besonders unter Jugendlichen ist dabei (fast) immer Alkohol im Spiel. Passend, denn wörtlich heißt *Botellón* „sehr große Flasche“.

Ein Winter auf Mallorca

[…] und wenn der Dunst der Berge beginnt, sich auszubreiten und einen transparenten Schleier auf den Abgrund zu werfen, dann glaubt man aus dieser Entfernung, es wäre schon das Meer. Aber das Meer ist noch zu weit weg, und wenn die Sonne wieder aufgeht, wenn die Ebene wie ein blauer See erscheint, dann zeichnet sich das Mittelmeer wie ein helles, silbernes Band an die Grenzen dieses beeindruckenden Blicks.

Dies ist eine der Aussichten, die überwältigen, weil sie keinen Wunsch offen, keiner Fantasie Raum lassen. Alles, was Dichter und Maler nur erträumen können, hat die Natur an diesem Ort verwirklicht. Grandiose Gesamtkomposition, unendliche Details, unerschöpfliche Vielfalt, verworrene Formen, scharf gezeichnete Konturen, unbestimmbare Tiefen, alles ist da, und die Kunst hat dem nichts mehr hinzuzufügen.

aus: George Sand, *Ein Winter auf Mallorca*

Tinto de Verano

DER KLEINE BRUDER DER SANGRIA

Der *Tinto de Verano*, zu Deutsch Sommer-Rotwein, ist bei den Spanierinnen und Spaniern besonders in den heißen Monaten ein beliebtes Erfrischungsgetränk. Seinen Ursprung hatte er vermutlich im andalusischen Städtchen Córdoba, wurde jedoch schnell über dessen Grenzen bekannt und ist heute im ganzen Land populär. Er ähnelt der *Sangria*, kommt aber ohne Spirituosen wie Brandy aus. Schnell und einfach zubereitet steht der Sommer-Rotwein der spanischen Kult-Bowle aber in nichts nach.

ZUTATEN FÜR 1 GLAS:

150 ml naturtrübe Zitronenlimonade
150 ml Rotwein nach Wahl
Eiswürfel nach Belieben

SO GEHT'S:

Ein Glas halbvoll mit Eiswürfeln füllen.
Danach Rotwein und Limonade dazuschenken.
Ein paar Mal kräftig umrühren, damit sich die beiden Bestandteile gut mischen, dann einen Strohhalm rein – und fertig.

¡A disfrutar!

(Und dann: Genießen!)

Der Flamenco

DIE LEIDENSCHAFTLICHE SEELE SPANIENS

Rhythmisches Klatschen, klappernde Kastagnetten, das Stampfen der Tänzerinnen und Tänzer, die virtuosen Gitarrenklänge – all das ist Flamenco, aber noch viel mehr, denn in ihm zeigt sich das sogenannte „spanische Feuer", die Begeisterung und Hingabe, der Schmerz und die Freude, die Seele Spaniens. Die Geschichten des Flamenco erzählen oft von Leidenschaft, Trauer, unerfüllter Liebe oder Verlust.

Vielleicht denkst du im ersten Moment nur an den leidenschaftlichen und kraftvollen Tanz (*baile*) der Spanier*innen, aber auch der Gesang (*cante*) und die instrumentale Begleitung (*toque*) sind gleichberechtigte Bestandteile. Das wichtigste Instrument des Flamenco ist die *guitarra flamenca*, die Flamencogitarre. Die *Palmas*, das Klatschen der Hände, bestimmen den Takt und der *Cajón*, eine Art Kistentrommel, sowie bei manchen Stücken auch die Kastagnetten, die von den Tänzer*innen selbst gespielt werden, sorgen für den Rhythmus.

Auch die Kleidung spielt eine wichtige Rolle beim Flamenco. Die wallenden Stoffbahnen, oft in Rüschen drapiert, klassischerweise rot und schwarz, unterstreichen die Bewegungen der Tänzerinnen. Aber auch die Fächer, die sogenannten *Abanicos*, werden gerne in den Tanz eingebaut.

Seinen Ursprung hat der Flamenco im südspanischen Andalusien. Es wird angenommen, dass er im 18. Jahrhundert entstand, als die verschiedenen Kulturen der Araber, Juden und *Gitanos* (Roma) aufeinandertrafen und ihre musikalischen Traditionen miteinander verbanden. Seit 2010 listet die UNESCO den Flamenco als Immaterielles Kulturerbe, womit nicht nur seine Bedeutung als Kunstform unterstrichen, sondern auch die kulturelle Identität Spaniens, besonders Andalusiens, geehrt wird.

Música, baile & pasión

10 spanische Lieder für zuhause

- PEREZA – Todo
- FONDO FLAMENCO – Mi estrella blanca
- DAVID BISBAL – Silencio
- GUARANÁ – En la casa de Inés
- CAMARÓN DE LA ISLA – Como el agua
- ESTRELLA MORENTE – En lo alto del cerro
- EL DESVÁN DEL DUENDE – Nudo marinero
- AMARAL – Marta, Sebas, Guille y los demás
- ALEJANDRO SANZ – Corazón partío
- PABLO ALBORÁN – Saturno

Kräuter-Eiswürfel

SOMMER FÜRS GANZE JAHR

Wenige Düfte verbinden wir so sehr mit dem Mittelmeer wie das Aroma frischer Kräuter. Egal ob Basilikum, Rosmarin, Salbei, Oregano oder Thymian – die Gewürze geben unseren Lieblingsgerichten den mediterranen Kick und lassen uns den letzten Urlaub am Meer (ganz wörtlich) schmecken. Viele der mediterranen Kräuter kannst du auch einfach auf deinem Balkon oder der Fensterbank kultivieren. In schönen Tontöpfen werden sie zum echten Hingucker. Im Winter haben die Kräuter meist aber eine kürzere Lebensdauer. Dann kannst du zu einem simplen Lifehack greifen. Friere deine Lieblingskräuter einfach portionsweise ein und hab sie für deine mediterranen Rezepte immer parat. Damit bleiben sie aromatischer als im getrockneten Zustand und sind dennoch immer schnell zur Hand, wenn du sie benötigst.

DAS BRAUCHST DU:

1 Eiswürfelform
Frische Kräuter nach Wahl, zum Beispiel Rosmarin, Oregano oder Thymian
Olivenöl (Menge ja nach Volumen der Eiswürfelform)

SO GEHT'S:

Zuerst die Kräuter waschen und so fein hacken, wie sie später beim Kochen gewünscht sind. Die Kräuter dann gleichmäßig in die Kästchen der Eiswürfelform verteilen und mit Olivenöl auffüllen (Achtung: unbedingt Olivenöl verwenden, da andere Öle erst bei sehr niedrigen Temperaturen gefrieren).
Nun in das Gefrierfach stellen und einfrieren.
Die Kräuter-Eiswürfel sind etwa 12 Monate haltbar.

Lebe in der Sonne,
schwimme im Meer,
trinke die wilde Luft.
Ralph Waldo Emerson

Die Merienda

KAFFEEKLATSCH A LA ESPAÑOLA

Wenn sich die Sonne langsam über die malerischen Straßen Spaniens senkt und die Gassen in ein goldenes Abendlicht taucht, wird es Zeit für die *Merienda*. Sie ist sozusagen das spanische Pendant zum deutschen Kaffee und Kuchen. Traditionell wird sie in Spanien als Zwischenmahlzeit am späten Nachmittag zwischen 17 und 19 Uhr eingenommen. Eine gute Gelegenheit, sich mit Freund*innen oder der Familie zu treffen und eine Pause einzulegen, den kleinen Hunger zu stillen und sich vor dem Abendessen, das in Spanien typischerweise nicht vor 21 Uhr stattfindet, zu stärken. Die Snacks können dabei sowohl süß als auch salzig sein. So servieren die Spanier*innen zur *Merienda* Kuchen oder Gebäck, wie *magdalenas* oder *ensaïmadas*, aber auch belegte Brote (*bocadillos*) oder Obst. Dazu gibt es ein kaltes oder heißes Getränk wie Saft, Tee, Milch oder Kaffee.

Die *Merienda* ist sehr typisch für die spanische Kultur, die immer großen Wert auf Geselligkeit und gemeinsames Essen legt. Sie ist ein Anker in der alltäglichen Hektik, eine Einladung, sich hinzusetzen, zu entspannen und den Moment auszukosten, das Leben einfach zu genießen – ganz nach spanischer Manier.

Andalusien: Spaniens heißer Süden

EIN ECHTER SEHNSUCHTSORT

Schließe einfach mal deine Augen und mach eine kurze Reise nach Andalusien: Die Sonnenstrahlen glitzern auf der Wasseroberfläche, die Luft ist angenehm warm, du kannst das Salz des Meeres förmlich schmecken. Unter deinen Füßen der heiße Sand, ein Blick über die Schulter und du siehst kleine weiße Dörfer, die sich über der Küstenlinie emporheben. So kann man es schon eine Weile aushalten, oder?

Die gekalkten Häuschen sind Überbleibsel der maurischen Herrschaft, die sich über weite Teile Spaniens, besonders aber Andalusiens zog. Eine ganz besondere Mischung aus mediterranem Lebensgefühl und Tausendundeiner Nacht, die der südlichsten autonomen Region Spaniens ihr einzigartiges Flair verleiht. Die malerischen Küstenstädte und Dörfer sind wahre Perlen von atemberaubender Schönheit. Orte wie Marbella, Malaga oder Nerja laden zum Bummeln durch ihre engen Gassen ein, gesäumt von weißen Häusern mit blumengeschmückten Balkonen. Hier kannst du die lebendige Atmosphäre der Straßencafés und Restaurants genießen und die authentische andalusische Küche probieren, die von frischem Fisch und Meeresfrüchten bis hin zu köstlichen Tapas reicht.

An der Costa del Sol, der Costa Tropical und der Costa Almería kannst du deine Seele baumeln lassen. Regen lässt sich selten blicken, stattdessen heißt es Sonne satt! Am besten hält man die heißen Sommertemperaturen natürlich am Strand aus. Denn wenn eine sanfte Brise weht und dich das Mittelmeer bei einer kleinen Abkühlung in seine Arme schließt, spürst du wahre

felicidad!

Flan de huevo

CRÈME CARAMEL AUF SPANISCH

Der *Flan de huevo* ist das spanische Dessert schlechthin.
Er ist so gut wie auf jeder Speisekarte traditioneller Restaurants zu finden,
sogar noch vor der ebenfalls unverwüstlichen *Crema Catalana*.
Der Klassiker aus der spanischen Küche lässt sich auch einfach
in deiner Küche zubereiten. Lass dir den süßen Geschmack Spaniens
ganz langsam auf der Zunge zergehen!

¡Delicioso!

ZUTATEN für ca. 8 Flans:

- 500 ml frische Vollmilch
- 125 g Zucker
- 3 mittelgroße Eier
- 1 unbehandelte Orange (Abrieb)
- Zimtstange

ZUTATEN für das Karamell:

- 2 EL Zucker
- 1 TL Wasser

SO GEHT'S:

Die Schale einer unbehandelten Orange in großen Stücken abreiben. Zusammen mit der Milch und der Zimtstange in einen Topf geben und alles erhitzen, bis es kurz vorm Kochen ist, dann vom Herd nehmen und ca. 30 Minuten lang abkühlen und aromatisieren lassen.

Inzwischen die Eier mit dem Zucker vorsichtig vermengen. Dabei darauf achten, nicht zu viel Luft in die Masse zu schlagen. Dann die erkaltete Milch hinzugeben und umrühren, bis der Zucker vollständig aufgelöst ist. Das Gemisch anschließend durch ein feines Sieb gießen, um die Orangenschale und die Zimtstange aufzufangen.

Um das Karamell zuzubereiten, den Zucker zusammen mit dem Wasser in einen beschichteten Topf geben. Das Gemisch auf hoher Stufe erhitzen, ohne es dabei umzurühren, lediglich den Topf hin und her schwenken. Sobald ein homogener, goldener Sirup entstanden ist, den Topf vom Herd nehmen. Nun das Karamell gleichmäßig in kleine, ofenfeste Förmchen gießen (alternativ gehen auch hitzebeständige Tassen oder Schüsseln). Weniger ist hier mehr, es genügt, wenn der Boden der Formen bedeckt ist. Anschließend die Förmchen gleichmäßig mit der Flan-Masse befüllen. Die kleinen Formen in eine große Ofenform stellen und diese einen Finger breit mit lauwarmem Wasser auffüllen. Die Form in den auf 180 Grad vorgeheizten Ofen schieben und für etwa 30 Minuten backen lassen. Mit einem Holzstäbchen eine Backprobe machen. Wenn keine Crème mehr am Stab haften bleibt, ist der Flan fertig. Anschließend aus dem Ofen nehmen, abkühlen lassen und für etwa 24 Stunden im Kühlschrank ruhen lassen. Am nächsten Tag mit deinen *amigas* und *amigos* genießen!

Frankreich

STECKBRIEF

EINWOHNER*INNEN: 64,6 Millionen

KÜSTENLÄNGE: 4.853 Kilometer
(901 Kilometer Mittelmeerküste)

DIE TOP 3 DER STÄDTE MIT DEN MEISTEN SONNENSTUNDEN:
1. Marseille: 2.858 Sonnenstunden / Jahr
2. Toulon: 2.839 Sonnenstunden / Jahr
3. Ajaccio: 2.756 Sonnenstunden / Jahr

MEERE: Mittelmeer, Atlantik, Ärmelkanal

ANZAHL DER INSELN: 70 Inseln

DIE GRÖSSTE INSEL IM MITTELMEER: Korsika

DIE TOP 3 DER SCHÖNSTEN STRÄNDE:
Plage de Pampelonne – nahe Saint-Tropez
Calanque d'en Vau – nahe Marseille
Plage de l'Espiguette – nahe Montpellier

REGIONEN MIT KÜSTE AM MITTELMEER:
Provence-Alpes-Côte d'Azur, Okzitanien, Korsika

TOURISMUS:
Mit 90,2 Millionen Tourist*innen (2019) ist Frankreich das meistbesuchte Land der Welt.

FUN FACTS:
* In Frankreich ist es offiziell verboten, sich an Bahngleisen zu küssen. Ursprünglich diente das Gesetz dazu, verspätete Zugabfahrten zu verhindern. Heute ist es noch immer in Kraft, aber kaum jemand hält sich daran. Bisou!
* In Frankreich werden jährlich 6 Milliarden Baguettes verkauft.
* Die *Cuisine française* ist von der UNESCO als immaterielles Weltkulturerbe anerkannt.

Ratatouille

EIN HIGHLIGHT DER PROVENZALISCHEN KÜCHE

Es ist nicht nur ein schlichtes Eintopfgericht, das in der Gegend um Nizza aus Gemüseresten kreiert worden sein soll, sondern auch eine Hommage an die Sonne, die Erde und die Fülle des Sommers in der Provence – das *Ratatouille*. Der vegetarische Klassiker aus Südfrankreich strotzt vor Vitaminen und schmeckt dazu noch köstlich. Das Beste: Die Zubereitung ist auch zuhause ganz einfach. Probiere es doch aus, wenn dich die Sehnsucht nach Sommer packt.

ZUTATEN für 4 Personen:

2 Auberginen
2 Zucchini
2 rote Paprikaschoten
2 gelbe Paprikaschoten
3 reife Tomaten
1 Zwiebel
3 Knoblauchzehen
2 EL Olivenöl
Bouquet garni (frischer Kräuterstrauß aus 1 Lorbeerblatt, 2 Thymianzweigen und 2 Stängeln Petersilie)
Salz und Pfeffer zum Abschmecken

SO GEHT'S:

Zunächst das Gemüse waschen und in kleine, mundgerechte Stücke schneiden, Zwiebel und Knoblauch häuten und fein hacken. Anschließend in einem großen Topf das Olivenöl erhitzen, Zwiebel und Knoblauch hinzufügen und anschwitzen, bis sie weich sind und intensiv duften. Dann Auberginen, Zucchini und Paprika hinzugeben und leicht anbraten. Wenn das Gemüse schon etwas gebräunt ist, die gewürfelten Tomaten und das *Bouquet garni* hinzugeben, nach Belieben mit Salz und Pfeffer abschmecken und mit geschlossenem Deckel köcheln lassen. Traditionell wird das *Ratatouille* in Frankreich über mehrere Stunden (ca. 2 Stunden) hinweg bei niedriger Hitze gegart.
Wenn das Gemüse weich und voller Geschmack ist, das *Bouquet garni* entnehmen und das *Ratatouille* heiß mit frischem Baguette servieren.

Bon appétit!

Zärtlich ist die Nacht

F. Scott Fitzgeralds Hommage an die französische Riviera

La Côte d'Azur, le luxe à la mer: Die luxuriöse, elegante Umgebung der französischen Riviera bildet die Kulisse für die dramatischen Ereignisse in Fitzgeralds Buchklassiker. In „Zärtlich ist die Nacht" beschreibt er die sonnenverwöhnten Strände, das azurblaue Mittelmeer, die sanften Hügel, die mit duftenden Blumen bedeckt sind. In dieser Szenerie spielt sich das glamouröse Leben der Divers, eines amerikanischen Auswanderer-Ehepaars, und ihrer illustren Gäste in den schillernden 1920er-Jahren ab, die sich auf Strandpartys und bei Shopping-Touren vergnügen. Fitzgerald fängt die Atmosphäre des berauschenden Südfrankreichs in einer stimmungsvollen und poetischen Sprache ein. Ideal für lange Winterabende auf dem Sofa und zum Wegträumen an die Französische Riviera.

> Es war schön, am Spätnachmittag ins Hotel zurückzufahren, hoch über einer See, die so geheimnisvoll gefärbt war wie Achate und Karneole der Kinderzeit, milchig weiß, blau wie Wäschelauge, weinrot. [...]
>
> Der diffuse Zauber des heißen süßen Südens aber, die magische Kraft der auf Samtpfoten daherkommenden Nacht, der geisterhaft raunenden Brandung des Mittelmeers tief unter ihnen ging in die beiden Divers ein und wurde ein Teil von ihnen.

aus: F. Scott Fitzgerald, *Zärtlich ist die Nacht*

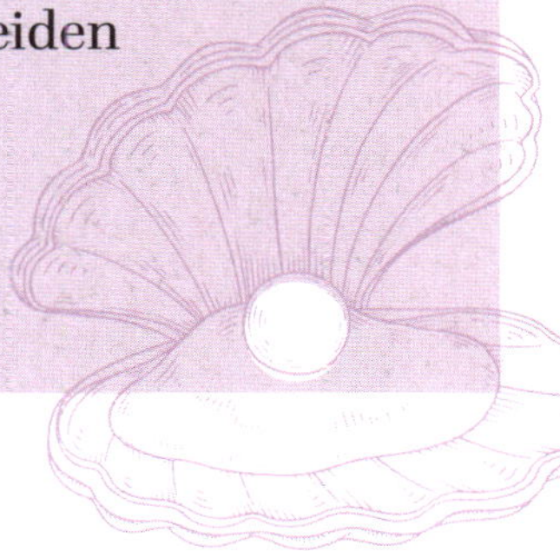

Französische Wörter,

die zu schön zum Übersetzen sind

Flaneur

Ein *Flaneur* ist eine Person, die durch die Stadt bummelt, ohne ein konkretes Ziel zu haben, einfach, um zu genießen, die Umgebung zu entdecken und in sich aufzusaugen.

Soigné (Adj.)

… ist etwas, das mit Eleganz und Sorgfalt gemacht, ausgeführt oder designt wurde, „mit Liebe zum Detail“!

Dépaysement

Das (meist positive) Gefühl, wenn man nicht im gewohnten Umfeld ist, sondern sich, beispielsweise auf Reisen, in einer neuen Umgebung befindet.

Retrouvailles

… ist die Freude, jemanden nach einer langen Zeit wiederzusehen.

Bon vivant

Eine Person, die es versteht, zu leben und die gutes Essen, Drinks und Gesellschaft genießt.

Sortable (Adj.)

… sagt man, wenn man sich mit einer Person in der Öffentlichkeit sehen lassen kann, die Person gute Manieren hat und eine ordentliche Erscheinung besitzt. Ist das nicht der Fall, ist sie *insortable*!

Wenn das Meer einen einmal
in seinen Bann gezogen hat,
hält es einen für immer
in seinem Netz der Wunder.

Jacques-Yves Cousteau

Lavendel-Spray

DIE PROVENCE IN DER FLASCHE

Mittelmeer, Bouillabaisse und Lavendelfelder – das ist die Provence. Gerade Düfte sind stark mit Erinnerungen an diese Region verbunden und lassen uns vom Hier und Jetzt wegträumen. Um das französische Lebensgefühl nach Hause zu bringen, kannst du ganz einfach ein Lavendel-Spray herstellen. Egal ob als Raumerfrischer oder Textilspray, gedanklich bringt es dich direkt auf die Lavendelfelder der Provence – und lässt dich entspannt in den Schlaf sinken.

FÜR 100 ML BRAUCHST DU:

60 ml destilliertes Wasser
40 ml reiner, geruchsneutraler Alkohol (aus der Apotheke)
25 Tropfen ätherisches Lavendelöl
Sprühflasche mit mind. 100 ml Fassungsvermögen

SO GEHT'S:

Fülle zuerst den Alkohol in die Flasche und füge dann das Lavendelöl hinzu. Nun gib das destillierte Wasser dazu und schüttle das Gemisch kräftig durch. Und dann einfach in die Luft oder auf dein Kissen sprühen und entspannen! Für die optimale Entfaltung des Dufts solltest du das Spray vor jeder Anwendung schütteln. Dein „Urlaub in der Flasche“ ist etwa sechs Monate haltbar.

Die Côte d'Azur

WAHLHEIMAT UND INSPIRATION FÜR GROSSE MEISTER

Van Gogh, Matisse, Picasso, Chagall – die pittoresken Landschaften Südfrankreichs, von den sonnenverwöhnten Weinbergen der Provence bis zu den traumhaften Küsten der Côte d'Azur, inspirierten einige der größten Maler der Kunstgeschichte. Die südfranzösische Sonne malte lebendige Farben über ihre Leinwände, die *l'art de vivre* wurde zur Muse ihres künstlerischen Schaffens.

Vincent van Gogh, der Schöpfer der weltbekannten Sonnenblumenbilder, fand in Arles in der Provence eine Heimat, wo er zeitweise mit Paul Gauguin in einer Künstler-WG lebte. Dort schuf er einige seiner berühmtesten Werke, darunter „Caféterrasse am Abend" und „Die Sternennacht". Wie in kaum einem Œuvre eines anderen Künstlers spiegeln sich die strahlenden Farben und das magische Licht Südfrankreichs in seiner Kunst.

Die leuchtenden Farben der Provence waren es auch, die Henri Matisse so sehr liebte. Der Pionier des Fauvismus ließ sich in Nizza nieder, wo ihn die tiefen Blau- und Grüntöne des Mittelmeers dazu inspirierten, Gemälde und Scherenschnitte zu schaffen, die die Schönheit der Region feiern.

Pablo Picasso, den man zunächst eher mit Spanien in Verbindung bringt, fand ebenfalls Inspiration an der französischen Mittelmeerküste. Er verbrachte mehrere Jahre u.a. in Cannes, Vallauris und bis zu seinem Lebensende in Mougins, wo er einige seiner bekanntesten Werke schuf, darunter „La Joie de Vivre" und „Satyr, Faun und Zentaur mit Dreizack".

Auch Marc Chagall fand in Südfrankreich nach einem bewegten Leben, das von Flucht und Exil geprägt war, schließlich eine Heimat in der Provence. Von 1966 an war Saint-Paul-de-Vence sein Anker und Ort des Schaffens zugleich. In seinem berühmten Gemälde „Sonne am Himmel von Saint-Paul" drückt er seine Liebe zum 3500-Einwohner-Örtchen aus.

Wenn du jetzt Lust auf die Kunst der Maler der Cote d'Azur bekommen hast, schau doch bei deinem nächsten Urlaub in einem der Museen vorbei:

Fondation Maeght, SAINT-PAUL-DE-VENCE

Nationalmuseum Marc Chagall, NIZZA

Musée Picasso, ANTIBES

Das Lavendelzimmer

Ferne Catherine.

Das Meer hat bisher siebenundzwanzig Farben gezeigt.

Heute dieser Mix aus Blau und Grün. Petrol nennen es die Frauen in den Boutiquen, die wissen Bescheid, ich nenne es „nasses Türkis“.

Das Meer, Catherine, kann rufen. Es kann kratzen, Katzenhiebe. Es kann sich bei dir einschmeicheln und dich streicheln, es kann der glatteste Spiegel sein, und dann wieder tobt es und lockt die Surfer in die groben, lauten Wellen. Es ist jeden Tag anders, und die Möwen schreien an Sturmtagen wie kleine Kinder und an sonnigen wie die Verkünder der Herrlichkeit: „Schön! Schön! Schön!“ Man könnte sterben an Sanarys Schönheit und es nicht merken.

aus: Nina George, *Das Lavendelzimmer*

Ich wollte Freiheit,
frische Luft und Abenteuer.
Das habe ich auf
dem Meer gefunden.
Alain Gerbault

Korsika

DIE INSEL NAPOLEONS

Auf der sanften Oberfläche des Mittelmeers liegt eine Insel von bezaubernder Schönheit und wilder Natur – Korsika. Ganze 1.000 Kilometer Küste umgibt die größte Insel Frankreichs. Kleine Fischerdörfer wie Bonifacio und Calvi säumen die Ufer und erzählen von der jahrhundertealten Geschichte der Insel und ihrer maritimen Tradition; versteckte Buchten werden von glasklarem, türkisfarbenem Wasser umspült. Ein wahrer Traum für alle Wassersport-Fans und Sonnenanbeter*innen.
Im Landesinneren erheben sich majestätische Bergketten, die schroffen Gipfel der korsischen Berge, darunter der Monte Cinto, der König der Berge, der mit seinen 2.706 Metern stolz über die Insel wacht.
Die Inselhauptstadt Ajaccio, wo einst Kaiser Napoleon Bonaparte das Licht der Welt erblickte, lädt dazu ein, die bewegte Historie des Städtchens beim Schlendern durch die malerischen Gassen zu entdecken. Oft kann man noch Korsisch hören, eine enge Verwandte des Italienischen, das wie Musik durch die Straßen hallt und der Insel so eine ganz besondere Atmosphäre verleiht.

La vie est belle!

Tapenade

WENN DER OLIVENHAIN DAS MITTEMEER TRIFFT

Das erdige Aroma sonnengereifter Oliven, dazu eine Note säuerlicher Kapern und Sardellen, die das salzige Meer erahnen lassen – die französische Tapenade verwöhnt unseren Gaumen mit dem puren Geschmack des Südens. Die schwarze Olivenpaste ist ganz einfach zuzubereitet und lässt sich auf verschiedene Arten servieren, zum Beispiel als Dip, Aufstrich oder Beilage zu Gegrilltem.

ZUTATEN für ca. 6 Portionen:

200 g schwarze Oliven
8 Sardellenfilets
40 g Kapern
150 ml Olivenöl
Saft einer halben Zitrone

SO GEHT'S:

Die Oliven, wenn nötig, entsteinen und halbieren. Dann Oliven, Sardellen, Kapern sowie das Olivenöl und den Saft einer halben Zitrone in einen Mixer oder Multizerkleinerer geben. Etwa 2 Minuten lang mixen, bis ein feines Püree entsteht. Anschließend mit Weißbrot oder als Dip servieren.

Bon appétit!

Auf dem roten Teppich

DIE INTERNATIONALEN FILMFESTSPIELE VON CANNES

Kein anderer Ort könnte eine bessere Kulisse für das glamouröse Spektakel des *Festival de Cannes* darstellen als die elegante Côte d'Azur. Dort, wo sich Palmen sanft im warmen Wind wiegen und das Meer im Hintergrund rauscht, treffen sich alljährlich die Filmschaffenden aus aller Welt.

Auf dem roten Teppich vor dem *Palais des Festivals et des Congrès* schreiten die Stars und Sternchen der Filmwelt in ihren strahlenden Abendroben und eleganten Smokings. Das Blitzlichtgewitter der unzähligen Fotograf*innen taucht die Prominenten in ein funkelndes Glitzern, die Luft ist erfüllt von erwartungsvoller Vorfreude.

Trotz des Glamourfaktors geht es bei den Internationalen Filmfestspielen aber im Kern um die Kunst des Films und des Geschichtenerzählens, die Leidenschaft der Filmemacher*innen, die ihre Werke der Welt vorstellen. Seit 1946 werden von einer jährlich neu besetzten Jury Preise in verschiedenen Kategorien vergeben. Der Hauptpreis ist dabei die *Palme d'Or*, die Goldene Palme, die für den besten Film verliehen wird. Weitere Kategorien sind unter anderem „Beste Regie", „Bester Darsteller/Beste Darstellerin" oder „Bester Kurzfilm". Cannes wird so alljährlich im Mai zu einem Schaufenster für die Kreativität und die Kunst des Films, zum Treffpunkt von Filmschaffenden, Schauspieler*innen und Cineasten aus der ganzen Welt, wo die Magie des Kinos gefeiert wird.

Frankreich auf der Leinwand

Filme, die das Fernweh stillen

- Taxi (1998, R: GÉRARD PIRÈS)
- Der Gendarm von St. Tropez (1964, R: JEAN GIRAULT)
- Über den Dächern von Nizza (1955, R: ALFRED HITCHCOCK)
- Van Gogh – An der Schwelle zur Ewigkeit (2018, R: JULIAN SCHNABEL)
- Der Swimmingpool (1969, R: JACQUES DERAY)
- Die fabelhafte Welt der Amelie (2001, R: JEAN-PIERRE JEUNET)
- Ein Sommer in der Provence (2014, R: ROSE BOSCH)
- Ein gutes Jahr (2006, R: RIDLEY SCOTT)
- Midnight in Paris (2011, R: WOODY ALLEN)
- Chocolat (2001, R: LASSE HALLSTRÖM)

Der Pastis

APERITIF MIT KULTSTATUS

Kaum ein anderes Getränk ist so sehr Kult in Frankreich wie der Pastis. Seit einem guten Jahrhundert ist er nicht mehr aus der französischen *art de vivre* wegzudenken. Dabei ist er ursprünglich aus der Not heraus entstanden. Denn als die französische Regierung 1915 beschloss, den Absinth zu verbieten, mussten die Französinnen und Franzosen erfinderisch werden, um weiterhin einen Schnaps konsumieren zu können, der zwar ebenso nach Anis schmeckte, dessen Herstellung und Genuss jedoch legal waren. So entstand der Pastis in der Provence, wo dessen Hauptzutaten Anis, Fenchel und bis zu 70 weitere Kräuter und Heilpflanzen auf den sonnenverwöhnten Feldern bestens gedeihen.

Der Name ist dabei Programm: Er leitet sich vom französischen Wort *pastiche* ab, was „Nachahmung“ bedeutet. Doch schon lange ist der Pastis kein schnöder Abklatsch mehr, für viele Französinnen und Franzosen ist er der ideale Aperitif für heiße Tage an der Riviera – elegant und simpel, erfrischend und aromatisch. Wenn man den bronzefarbenen Schnaps mit Eiswasser mischt, verwandelt er sich in eine milchig-weiße Flüssigkeit: der sogenannte Louche-Effekt.

Auch zuhause kannst du den Pastis ganz einfach zubereiten: Mische einfach einen Teil Pastis mit fünf Teilen Eiswasser. Ein paar Eiswürfel dazu *et voilà* – der Geschmack der Côte d‘azur im Glas ist fertig.

Santé!

Italien

STECKBRIEF

EINWOHNER*INNEN: 58,85 Millionen

KÜSTENLÄNGE: circa 7.600 Kilometer

DIE TOP 3 DER STÄDTE MIT DEN MEISTEN SONNENSTUNDEN:
1. Catania: 347 Sonnenstunden / Monat
2. Messina: 345 Sonnenstunden / Monat
3. Palermo: 340 Sonnenstunden / Monat

MEERE: Mittelmeer, Ligurisches Meer, Tyrrhenisches Meer, Adria, Ionisches Meer

DIE GRÖSSTEN INSELN: Sizilien, Sardinien, Elba

DIE TOP 3 DER SCHÖNSTEN STRÄNDE:
Strand von Cala Mariolu – Sardinien
San Vito Lo Capo – Sizilien
Spiaggia della Rotonda von Tropea – Kalabrien

REGIONEN MIT KÜSTE: alle außer Aostatal, Piemont, Lombardei, Trentino-Südtirol

TOURISMUS: 64,7 Millionen Tourist*innen (2019); Italien steht an fünfter Stelle der meistbesuchten Länder der Welt.

FUN FACTS:
* Italiener*innen essen im Durchschnitt pro Person 26 Kilogramm Pasta jährlich.
* „Pizza“ ist eines der wenigen Wörter, die auf der ganzen Welt verstanden werden.
* In Limone sul Garda können viele Einwohner*innen aufgrund einer Genmutation keinen Herzinfarkt bekommen.

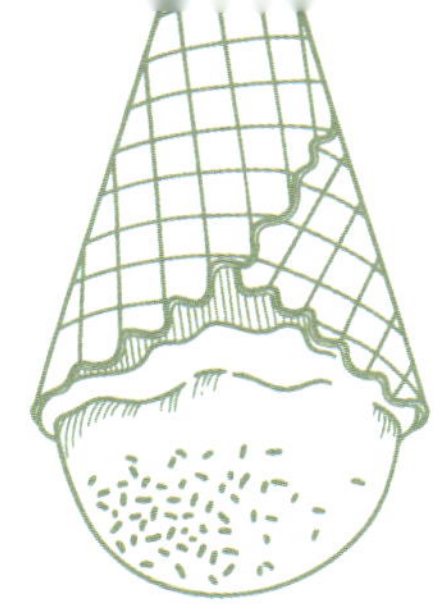

Il Gelato

WARUM WIR ES SO LIEBEN

„Gelato al cioccolato dolce e un po' salato" (Schokoladeneis, so süß und ein bisschen salzig) sang der italienische Popsänger Pupo Ende der 1970er. Eine Hymne an die Liebe und das Gelato.

Eismachen ist in Italien eine Religion. Ein echtes italienisches Gelato hat nichts mit amerikanischer Ice Cream oder einem industriell gefertigten Speiseeis zu tun. Das Geheimnis eines Gelato besteht zuallererst aus frischen, saisonalen und möglichst regionalen Zutaten. Die Liste ist nicht lang: Milch, ggf. etwas Sahne, Zucker, Nüsse oder frisches Obst. Ausschließlich natürliche Aromen, ein geringer Fettanteil und weniger Luftzufuhr bei der Herstellung verschaffen dem Eis seine unvergleichliche Cremigkeit und Textur. Aber das Wichtigste ist: viel handwerkliches Geschick und Leidenschaft.

Übrigens ist der deutsche Klassiker „Vanille" in Italien eher selten zu finden, und auch das beliebte Spaghetti-Eis stammt nicht aus Italien. Das hat nämlich ein findiger italienischer Eisdielenbesitzer in Mannheim erfunden.

Zum Glück gibt es inzwischen auch in Deutschland erstklassige Gelaterias, die neben den Standardsorten wie Stracciatella oder Amarena auch viele neue Kreationen anbieten – Basilikum-Limette, Mango-Chili oder gleich Gin Tonic.

Wenn du jetzt Lust auf ein Gelato bekommen hast, aber dich selbst nicht an die hohe Kunst des Eismachens wagst, kein Problem! Eines der köstlichsten italienischen Eis-Desserts ist ganz einfach: der *Affogato* – ein Espresso mit einer Kugel Vanilleeis.

TIPP:

Wenn du ein*e richtige*r Eisliebhaber*in bist, ist das Gelato-Museum in Bologna ein Muss. Hier erfährst du viel Interessantes über die Geschichte und die Herstellung des Gelato.

www.gelatomuseum.com

CAFFÉ
MARRON GLACÉ
NOCCIOLA
CIOCCOLATO
MANGO
COCCO

367637·CT

Der Cinquecento

EINE KNUTSCHKUGEL ZUM VERLIEBEN

Amore bello! Es war Liebe auf den ersten Blick, als 1957 der erste Fiat 500 in Turin vom Band rollte und ein Corso aus 120 brandneuen *Cinquecenti* sich unter jubelndem Beifall der Italiener*innen seinen Weg durch die Stadt bahnte. Bis Mitte der 1970er Jahre wurde er in verschiedenen Modellvarianten als erschwingliches Auto für jedermann gebaut.

Auch heute kann man den kleinen „Flitzer" an jeder Ecke Italiens noch entdecken – an der pittoresken Amalfiküste ebenso wie in den engen Gassen der Metropolen Rom oder Florenz. Denn viele Italiener*innen fahren ihn immer noch im Alltag und nicht, wie bei uns, als Oldtimer.

Wie kein anderes Gefährt verkörpert der Cinquecento das italienische Dolce Vita – außer vielleicht die legendäre Vespa. Die Schönen und Reichen schmückten sich gerne mit der Automobil-Ikone. Sophia Loren liebte die *macchina più sexy del mondo* (das sexyste Auto der Welt) und Frederico Fellini setzte dem *Cinquecento* 1971 in seinem Film „Roma" ein Denkmal.

Jede italienische Familie weiß ihre eigenen Geschichten mit ihrem 500er zu erzählen: *il primo bacio* (der erste Kuss) von *nonna* (Oma) und *nonno* (Opa) auf der Rückbank, der erste Familienurlaub mit drei *bambini* (Kindern) plus Gepäck zur Adria, die Hochzeit der Tochter in der festlich mit Blumen geschmückten Knutschkugel und und und ...

Wer einmal einen alten Fiat 500 gefahren ist, wird das knatternde Fahrgefühl nie mehr vergessen – Entschleunigung pur, denn schnell ist der Zweizylinder mit seinen 15 PS nicht gerade.

Wenn du die Chance hast, im nächsten Italienurlaub einen Kurztrip mit einem charmanten Fiat 500 zu machen, ergreif sie mit beiden Händen.

Aber Achtung: Du wirst höchstwahrscheinlich dein Herz an die kleine Knutschkugel verlieren.

Blumenvasen am Stock

AUS CAMPARI- ODER SANBITTERFLÄSCHCHEN

Trinkst du gerne Campari Soda oder Sanbitter? Und findest du es viel zu schade, die kleinen Fläschchen im Altglascontainer zu entsorgen? Wie wäre es dann mit einer mediterranen Deko für deinen Garten oder Balkon? Gebunden an Holzstöcken bekommen die süßen Fläschchen als Vasen für bunte Blumen ein zweites Leben.

MATERIAL (pro Stock):

1 Campari Soda- oder Sanbitter-Fläschchen
1 Holzast (aus dem Wald oder Garten)
Bastelbast
Heißkleber

SO GEHT'S:

Suche zunächst im Wald oder deinem Garten einen passenden Holzstock. Er sollte gerade gewachsen sein. Wenn du möchtest, kannst du den Ast auch bunt bemalen. Spitze den Stock mit einem Messer an, sodass du ihn später leichter in die Erde oder den Pflanzkübel stecken kannst. Klebe nun das gereinigte Fläschchen mithilfe des Heißklebers am oberen Astende mit zwei Klebepunkten fest. Wickle den Bastelbast ein paarmal um Flaschenhals und Stock und schneide die überschüssigen Bastenden ab. Das gibt der Vase noch zusätzliche Stabilität und einen romantischen Look. Jetzt benötigst du nur noch einen passenden Ort in deinem Garten oder auf deinem Balkon. Auf dem Balkon bieten sich größere Pflanzkübel an. Alternativ kannst du den Ast auch an Balkongeländer befestigen. Zum Schluss fülle etwas Wasser in das Fläschchen und bestücke es mit Blumen, die du besonders magst.

Frau im Dunkeln

Am nächsten Tag verstaute ich meine Badesachen, Handtücher, Bücher, Fotokopien und Hefte, stieg ins Auto und fuhr auf der Suche nach einem Strand und Meer die Küstenstraße entlang. Nach etwa zwanzig Minuten begann zu meiner Linken ein Pinienwald, ich sah ein Parkplatzschild, hielt an. Ich kletterte mit meinen Sachen über die Leitplanke und folgte einem von Piniennadeln rötlichen Weg. Ich liebe den Geruch von Harz, als Kind verbrachte ich die Sommer an Stränden, die noch nicht von den Betonburgen der Camorra zugebaut waren und gleich hinter dem Pinienwald begannen. Harz riecht für mich nach Ferien, nach Kinderspielen im Sommer. [...] Der Pinienwald war dicht bewachsen mit undurchdringlichem Unterholz, und die Baumstämme, dem ständigen Wehen des Windes ausgesetzt, schienen jeden Moment hintenüberzukippen, aus Schreck vor irgendetwas, das vom Meer kam. Ich gab acht, nicht über die glänzenden Wurzeln zu stolpern, die den Weg überwucherten, und unterdrückte meinen Ekel vor den staubigen Eidechsen, die bei meinem Näherkommen ihr sonniges Fleckchen fluchtartig verließen und nach einem Unterschlupf suchten. Es dauerte keine fünf Minuten, dann tauchten die Dünen und das Meer auf. Ich lief an verdrehten Eukalyptusbäumen vorbei, die aus dem Sand wuchsen, trat zwischen grünem Schilfgras und Oleander auf einen Holzsteg und gelangte zu einem schmucken Gebäude. Dieser Ort gefiel mir auf der Stelle. Die Freundlichkeit des dunklen Mannes an der Kasse und die Sanftmut des schmächtigen jungen Bademeisters, eines langen Kerls in T-Shirt und kurzen Hosen, der mich zu meinem Sonnenschirm führte, beruhigten mich. Der Sand war weiß und fein wie Staub, ich schwamm lange in dem durchsichtigen Wasser, legte mich kurz in die Sonne. Dann richtete ich mich mit meinen Büchern unter dem Sonnenschirm ein und arbeitete in Ruhe, bis die Sonne unterging, genoss die Brise und die Bewegtheit des Meeres. Die Stunden gingen dahin, in einer angenehmen Mischung aus Arbeit, Träumereien und Nichtstun, und ich beschloss, nun jeden Tag hier zu verbringen.

aus: Elena Ferrante, *Frau im Dunkeln*

Mare, Amore & Dolce Vita

10 Songs für dein Italia-Feeling zuhause

- ADRIANO CELENTANO – Azzurro
- LUCA CARBONI – Mare Mare
- ZERO ASSOLUTO – Per dimenticare
- ORNELLA VANONI – L'appuntamento
- FRANCESCO DE GREGORI – Buonanotte Fiorellino
- LUCIO DALLA – Caruso
- LAURA PAUSINI – Tra te el il mare
- JOVANOTTI – L'ombelico del mondo
- ROSSOMALPELO – Il mare mi salva
- MÅNESKIN – Coraline

♫

Sizilien

NATURSCHÖNHEITEN DER SONNENINSEL

Schon Goethe war fasziniert von der größten Insel des Mittelmeers. Kein Wunder, denn sie vereint wie keine zweite eine reiche Geschichte, lebendige Kultur und fesselnde Naturschönheiten. Umgeben vom Tyrrhenischen, Ionischen und dem Mittelmeer selbst erstreckt sich die Küstenlinie über Hunderte von Kilometern und beherbergt versteckte Buchten, goldene Strände und majestätische Klippen. Ein Paradies für Wassersportler*innen, Sonnenhungrige und Wanderer.
Das quirlige Treiben in Palermo, die Tempel von Agrigent, das Theater in Siracusa, die malerischen Küstenorte Cefalú und Taormina und der gewaltige Ätna: Sie alle sind eine Reise wert.
Wer jedoch abseits der gängigen Reiserouten Sizilien entdecken möchte, sollte in den Westen der Insel reisen. In den Salinen bei Trapani können Besucher*innen Interessantes über die jahrhundertealte Tradition der Salzgewinnung erfahren und dabei eines der schönsten Vogelschutzgebiete der Insel erkunden, in dem 170 Vogelarten, unter ihnen sogar Flamingos, auf ihrer Reise in den Süden Station machen. Im Zingaro-Nationalpark zwischen Trapani und Palermo bieten verschiedene Küstenwanderwege spektakuläre Aussichten und nebenbei laden reizvolle kleine Badebuchten ein, sich auf dem Weg abzukühlen.
Von Trapani aus kann man in zwei Stunden mit der Fähre die kleine Insel Pantelleria erreichen. „Die schwarze Perle des Mittelmeers“ liegt mitten in der Straße von Sizilien und nur 60 Kilometer von der tunesischen Küste entfernt.

Auf und rund um Sizilien gibt es also viel zu entdecken – ein ganz besonderer Tipp für deine nächste Italienreise.

Arancini

DER STREETFOOD-KLASSIKER AUS SIZILIEN

Keine sizilianischen Bar oder Rosticceria ist ohne die „kleinen Orangen“ denkbar. Ihren Namen haben die gefüllten, frittierten Reisbällchen von *aranci* (Orangen). Die kleinen Kugeln erinnern in Form und Farbe auch wirklich an die Früchte. Schon die Sarazenen kochten auf Sizilien mit Reis und Safran, später sollen dann die Köche von König Friedrich II. von Sizilien die *Arancini* als portablen Snack für die königliche Jagd erfunden haben. Inzwischen gibt es viele verschiedene Füllungen, die klassische ist aber die „al Ragú“. Übrigens verwenden viele Italiener*innen als Reisbasis die Risotto-Reste vom Vortag.

ZUTATEN:

Für den Reis:

- 2 Tassen Arborio-Reis
- 1 l Gemüsebrühe
- 100 g Butter
- 0,2 g Safran
- Salz und Pfeffer

Für die Füllung / das Ragú:

- 1 EL Olivenöl
- 1 Zwiebel (klein gehackt)
- 1 Stange Staudensellerie (klein gehackt)
- 1 Karotte (klein gehackt)
- 1 Knoblauchzehe (klein gehackt)
- 100 g Erbsen
- 250 g gemischtes Hackfleisch
- 1 EL Tomatenmark
- 250 ml passierte Tomaten
- Salz, Pfeffer und Gewürze nach Geschmack
- 100 g Provolone oder Mozzarella (in kleine Stücke gewürfelt)

Für die Panade:

- 80 g Mehl
- 2 Eier
- 80 ml Wasser
- 100 g Paniermehl

Zum Frittieren:

- 1 Liter Frittieröl (zum Beispiel Erdnussöl)

SO GEHT'S:

In einem Topf den Arborio-Reis kurz mit etwas Olivenöl anschwitzen. Mit der Gemüsebrühe ablöschen und unter Rühren einköcheln lassen, bis der Reis *al dente* und cremig ist. Butter und Safran unterrühren und mit Salz und Pfeffer abschmecken. Den Reis komplett abkühlen lassen.

Für das Ragú in einer Pfanne Zwiebel, Karotte, Staudensellerie und Knoblauch im Olivenöl anschwitzen. Das Hackfleisch dazugeben und anbraten. Das Tomatenmark, die passierten Tomaten und die Erbsen hinzugeben und mit

Salz und Pfeffer abschmecken. Das Ganze bei geringer Hitze köcheln lassen, bis die Flüssigkeit eindickt. Das Ragú vollständig abkühlen lassen.

Zum Formen der *Arancini* eine etwa faustgroße Menge Reis in die Hand nehmen und eine Mulde hineindrücken. Etwas von der Füllung und ein Stück Provolone oder Mozzarella in die Mitte legen und den Reis vorsichtig um die Füllung herum formen, um eine Kugel zu bilden. Die Füllung sollte vollständig vom Reis bedeckt sein. Danach weitere *Arancini* formen, bis die Zutaten verbraucht sind.

Zum Panieren Wasser, Mehl und Eier verquirlen, das Paniermehl in einem Suppenteller extra bereitstellen. Dann die *Arancini* zuerst im Wasser-Mehl-Eier-Gemisch und dann im Paniermehl wenden. Das Öl auf 180 Grad erhitzen und die *Arancini* goldbraun frittieren (ungefähr drei Minuten). Die fertigen *Arancini* etwas abtropfen lassen und heiß servieren.

Buon appetito!

Kennst du das Land, wo die Zitronen blühn,
Im dunklen Laub die Goldorangen glühn,
Ein sanfter Wind vom blauen Himmel weht,
Die Myrthe still und hoch der Lorbeer steht,
Kennst du es wohl? Dahin! Dahin!
Möcht‘ ich mit dir, o mein Geliebter, ziehn!

Johann Wolfgang von Goethe

La Pizza

VON POMPEJI UND NEAPEL IN DIE GANZE WELT

Sie ist weltweit der italienische Exportschlager Nummer 1 – die Pizza. Es gibt wohl kaum einen Menschen rund um den Erdball, der nicht weiß, was eine Pizza ist.

Die heutige Form der Pizza soll im 19. Jahrhundert in Neapel erfunden worden sein. Bis zum Besuch von König Umberto und seiner Frau Margherita in Neapel im Jahr 1889 galt die Pizza als einfache Mahlzeit für die ärmeren Bevölkerungsschichten. Doch als der lokale Pizzabäcker Raffaelo Esposito den königlichen Auftrag erhielt, eine Pizza für die Majestäten zuzubereiten, nutzte er die Gelegenheit, um seiner Kreativität freien Lauf zu lassen. Er belegte die Pizza mit roten Tomaten, weißem Mozzarella und grünem Basilikum – den italienischen Nationalfarben. Die berühmteste Pizza der Welt war erfunden: die Margherita. Italienische Auswanderer brachten die Pizza dann ins restliche Europa und nach Amerika, wo sie ihren kulinarischen Siegeszug fortsetzte.

Doch vor Kurzem machte man im antiken Pompeji eine erstaunliche Entdeckung. Auf einem 2000 Jahre alten Fresko fanden die Archäolog*innen eine Art Pizza: ein rundes Fladenbrot. Mit der modernen neapolitanischen Variante hat es aber nur wenig zu tun, denn statt Tomaten und Mozzarella ist es mit Datteln und Granatapfel belegt.

Obst auf Pizza? Kommt dir das bekannt vor? Na klar, die Pizza Hawaii. Die hat allerdings 1962 ein nach Kanada ausgewanderter Grieche erfunden. Kein Wunder, denn im Mutterland der Pizza ist dieser gewagte Belag ein Sakrileg.

PIZZA

Grüne Erinnerungen an das Mittelmeer

Dein Urlaub am Meer ist schon vorbei oder noch in weiter Ferne? Da hilft am besten, zur Tat zu schreiten und sich ein bisschen Mittelmeer-Feeling auf den Balkon zu holen. Mit mediterraner Deko und den typischen Pflanzen der Mittelmeer-Länder ist das ein Kinderspiel. Hier kommen ein paar Tipps, wie du deinen Balkon in eine mediterrane Oase verwandeln kannst.

TIPP 1: Wähle eine warme Farbpalette

Tauche deinen Balkon in die einladende Atmosphäre des Mittelmeers, indem du warme Farben wählst. Erdige Töne wie Terrakotta erinnern an die mediterrane Landschaft, während Sonnengelb und strahlendes Blau die Frische des Meeres symbolisieren.

TIPP 2: Hol dir mediterrane Pflanzen

Oleander, Jasmin, Lavendel, Zitronen- oder Olivenbäumchen – einige typische Pflanzen des Mittelmeerraums fühlen sich auch bei uns wohl. Achte aber darauf, welche Gewächse für den Standort auf deinem Balkon geeignet sind. Eine sichere Nummer sind mediterrane Kräuter wie Oregano, Rosmarin, Thymian und Salbei.

TIPP 3: Schaffe eine atmosphärische Beleuchtung

Verleihe deinem Balkon eine verträumte Stimmung, indem du Lichterketten und Kerzen einsetzt. Wähle warmweiße LED-Lichterketten, die sich um das Balkongeländer und -möbel wickeln lassen. Und mit ein paar Kerzen oder Windlichtern sind laue Abende am Meer ganz nah.

TIPP 4: Mach es dir gemütlich

Vintage-Holzmöbel oder schmiedeeiserne Stühle passen perfekt zum mediterranen Stil. Damit es noch gemütlicher wird, verteile bunte Kissen, die zu deiner mediterranen Farbwahl passen. Die sind nicht nur ein echter Hingucker, sondern lassen dich auch stundenlang bequem sitzen.

TIPP 5: Ergänze kleine mediterrane Details

Lass deiner Fantasie freien Lauf und gestalte deinen Balkon mit kleinen Accessoires aus deinem Urlaub. Egal, ob weiße Kieselsteine, Sand oder Muscheln, die du am Strand gesammelt hast: Damit setzt du kleine Akzente, die immer wieder schöne Erinnerungen an das Meer aufkommen lassen.

Die Pasta Grannies

DIE GÖTTINNEN DER CUCINA ITALIANA

Eine quirlige *nonna* (Oma) steht am Herd, die ganze *famiglia* sitzt am Küchentisch und wartet darauf, dass die *Mamma* endlich die duftende, dampfende Pasta austeilt – eine etwas klischeehafte Vorstellung, die aber immer noch oft der Realität des Kochens und Genießens in Italien entspricht. Die Pasta verbindet die Generationen, sie ist die Seele der italienischen Küche.
Und was macht eine gute Pasta aus? Hervorragende regionale Zutaten, traditionelle Familienrezepte und vor allem: viel Leidenschaft. Und wer könnte das besser als die *nonne* (Omas) mit ihren jahrzehntelangen Erfahrungen im Pasta-Kochen.
Die Britin Vicky Bennison hat das erkannt und es sich zum Ziel gesetzt, die regionalen Pasta-Traditionen Italiens zu bewahren und bekannt zu machen. Sie rief 2014 den YouTube-Kanal *Pasta Grannies* ins Leben. Dort filmt sie ältere Damen (manche sind über 100 Jahre alt!) in der heimischen Küche bei der Zubereitung aller möglichen Pasta-Sorten: Tagliatelle, Capelacci, Tortelloni, Lasagne ... – ein wahres Pasta-Schlaraffenland.
Neben leckeren, auch unbekannteren Rezepten und den speziellen Techniken für die Herstellung der verschiedenen Pasta-Sorten, lernt man ganz nebenbei auch noch die verschieden Dialekte der italienischen Regionen kennen.

Die *Pasta Grannies* sind einfach hinreißenend!

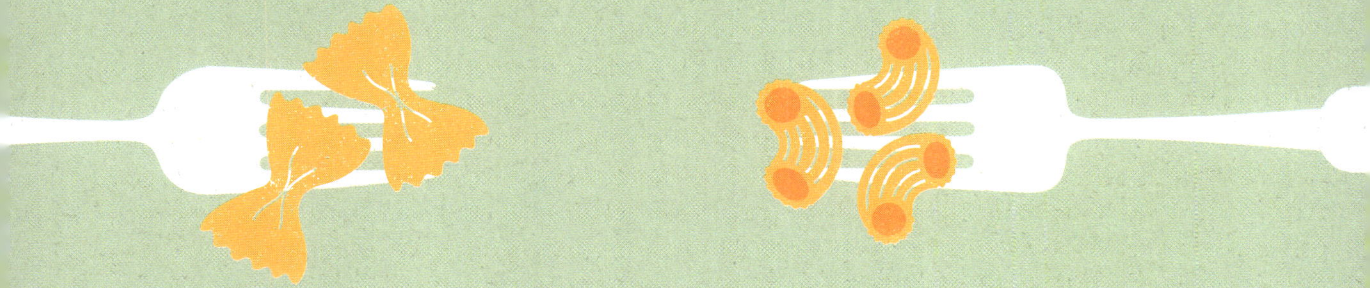

Spaghetti alle vongole

DER GESCHMACK DES MEERES

Willst du dir das Meer auf der Zunge zergehen lassen? Dann sind die *Spaghetti alle vongole* (Spaghetti mit Venusmuscheln) genau das Richtige. Kaum ein anderes Pasta-Gericht ist an Italiens Küsten so beliebt. Denn es vereint die Frische des Meeres mit wenigen, aber exzellenten Zutaten und besticht durch seine Schlichtheit, die alle Aromen zur Geltung bringt. Und es ist ganz einfach nachzukochen.

ZUTATEN für 4 Portionen:

1 kg frische Venusmuscheln
400 g Spaghetti
3 EL Olivenöl
3 Knoblauchzehen
1 Bund frische Petersilie
150 ml trockener Weißwein
Salz und Pfeffer zum Abschmecken

SO GEHT'S:

Die Venusmuscheln vor dem Kochen gründlich unter kaltem Wasser abspülen, um Sand und Schmutz zu entfernen. Abtropfen lassen und beschädigte oder geöffnete Muscheln aussortieren.
Die Spaghetti in kochendem Salzwasser bissfest garen. Den Knoblauch schälen und in dünne Scheiben schneiden. Die Petersilie fein hacken.
Das Olivenöl in einer großen Pfanne erhitzen und den Knoblauch goldgelb anbraten.
Die Muscheln dazugeben und mit Weißwein ablöschen. Die Pfanne mit einem Deckel abdecken und die Muscheln etwa 5-7 Minuten köcheln lassen. Gelegentlich die Pfanne schwenken, um sicherzustellen, dass sich die Muscheln öffnen. Geschlossene Muscheln unbedingt aussortieren. Die gekochten, abgetropften Spaghetti und die Petersilie zu den Muscheln geben und gut durchmischen. Eventuell mit Salz und Pfeffer abschmecken und auf großen Tellern anrichten.

O! Venedig, Venedig!
Welch **tiefer Zauber**
ist für mich in diesen Lagunen ...

Franz Liszt

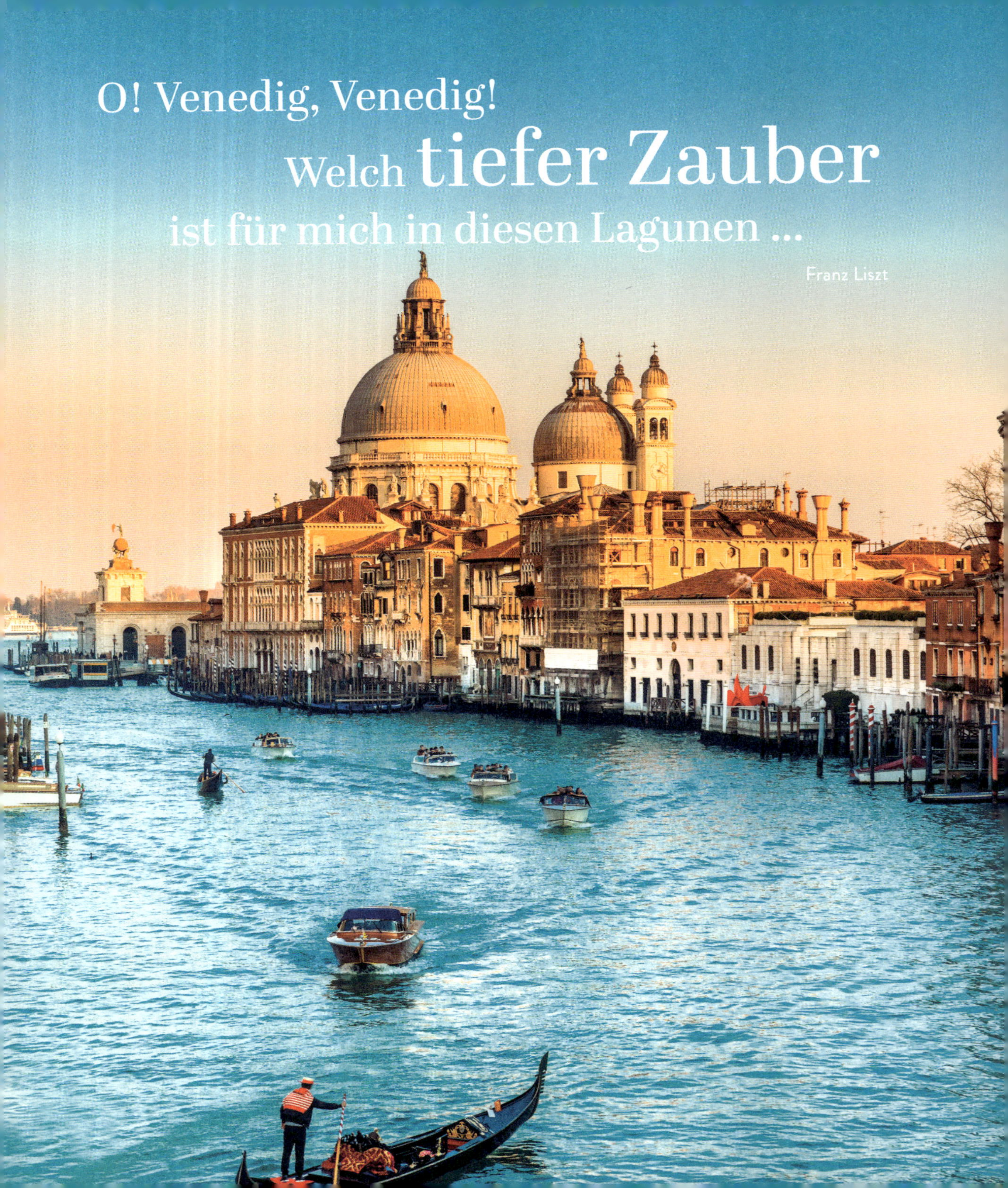

Venezia

DIE MAGIE DER SERENISSIMA

Wie keine andere Stadt Italiens ist Venedig eine Stadt des Meeres. Mächtig, elegant und von morbider Schönheit erhebt sie sich aus der Adria. Wasserstraßen und Kanäle durchziehen die *Serenissima*, die Heitere, wie Adern und erfüllen sie mit Leben.

Casanova, Goethe, Thomas Mann, Richard Wagner – seit Jahrhunderten hat sie eine große Anziehungskraft auf Reisende aus aller Welt.

Ein magischer Ort, der gerade abseits der bekannten Pfade seine Kraft entfaltet. Wenn man Markusplatz und Rialtobrücke hinter sich gelassen hat und sich im Gewirr der kleinen Gässchen und Kanäle einfach treiben lässt, kann man noch ein Stück Wahrhaftigkeit in der Lagunenstadt entdecken. In den Vierteln Cannaregio und Castello findet man noch das echte Alltagsleben der Venzianer*innen. Ein Plausch in der versteckten Bar bei einem Espresso oder einem Glas Vino bianco, der kleine Fisch- und Gemüsemarkt am Ende der Via Garibaldi oder die Ruhe am Arsenale, der alten Schiffswerft.

Eine Fahrt auf dem Vaporetto sollte man sich nicht entgehen lassen und ein paar Stunden durch die Lagune schippern. Die Giudecca, die alte Arbeiterinsel, eröffnet einen atemberaubenden Blick auf die Hauptinsel. Die Friedhofsinsel San Michele ist ein Ort der Stille und auf dem Lido, dem Strand Venedigs, kann man sich in den Wellen der Adria erfrischen.

Und wenn die Tagesausflügler*innen am frühen Abend die Stadt langsam wieder entvölkern, ist es Zeit für einen kühlen Sprizz. Im warmen, weichen Licht der Abendsonne strahlen die Palazzi immer noch Grandezza aus und die letzten Gondeln ziehen ihre Bahnen – dann ist sie greifbar wie nie: die Magie der Stadt am Meer.

LITERATURTIPPS VENEDIG:

ULRICH TUKUR:
Die Seerose im Speisesaal

HANNS-JOSEF ORTHEIL:
Im Licht der Lagune

IAN MCEWAN:
Der Trost von Fremden

Kroatien

STECKBRIEF

EINWOHNER*INNEN: circa 3,8 Millionen

KÜSTENLÄNGE: 1.777 Kilometer, mit Inseln über 6.000 Kilometer

DIE TOP 3 DER ORTE MIT DEN MEISTEN SONNENSTUNDEN:
1. Hvar: 2.724 Stunden / Jahr
2. Dubrovnik: 2.665 Stunden / Jahr
3. Split (Marjan): 2.628 Stunden / Jahr

MEER: Adria

ANZAHL DER INSELN:
1.185 Inseln, davon sind 67 bewohnt

DIE GRÖSSTEN INSELN: Krk, Cres, Brač

DIE TOP 3 DER SCHÖNSTEN STRÄNDE:
Zlatni Rat Strand – Insel Brač
Strand von Dubrovnik
Strand von Bol – Insel Brač

REGIONEN MIT KÜSTE: Istrien, Primorje-Gorski kotar, Lika-Senj, Zadar, Šibenik-Knin, Split-Dalmatien, Dubrovnik-Neretvalstrien

TOURISMUS: 21 Millionen Tourist*innen (2019)

FUN FACTS:
* Kroatien ist die Heimat des kleinsten Ortes der Welt: Hum in Istrien hat nur etwa 20 Einwohner*innen.
* Die kroatische Insel Vis diente als Drehort für einige Szenen des beliebten Films „Mamma Mia!“.
* Das Weiße Haus in Washington wurde aus dem schneeweißen Kalkstein der kroatischen Insel Brač erbaut.

Istrien

EINE REGION, DIE ALLE SINNE VERWÖHNT

Die kroatische Halbinsel Istrien, die an Slowenien grenzt, bezaubert auf ganz besondere Weise durch das Zusammenspiel aus üppigem, grünem Binnenland und der zerklüfteten, türkisblauen Küste, die sich über 500 Kilometer weit erstreckt. Die Adria lockt mit ihren traumhaften Kieselstränden und ihrem glasklaren Wasser Badegäste und Wassersportler*innen gleichermaßen an.
Aber auch das Hinterland *Istras*, wie Istrien in der Landessprache genannt wird, lässt Urlauberherzen höherschlagen. Hier kann man Naturschutzgebiete, Höhlen und Wasserfälle erkunden – egal ob zu Fuß bei einer Wanderung, auf dem Fahrrad oder mit dem Auto.
Zum Bummeln laden die vielen kleinen Küstenstädte ein. Vor allem im 13. und 14. Jahrhundert standen Istrien und weitere Teile Kroatiens unter venezianischer Herrschaft. Bis heute zeugt der charakteristische Baustil davon, zum Beispiel in Rovinj, der Perle des venezianischen Erbes. Mit einer der schönsten Altstädte des Landes wird hier das mediterrane Lebensgefühl greifbar. Die Kulisse ist atemberaubend: Viele bunte Stadthäuser reihen sich wie auf einer Perlenschnur aneinander – vom Meer bis hoch zur Spitze der Stadt. In Pula, an der Südspitze der Halbinsel, kann man auf den Spuren der Römer wandeln. Ein besonderes Highlight ist das römische Amphitheater, einer der besterhaltensten Theaterbauten der Antike.

Wilder Westen in Kroatien

Winnetou und Old Shatterhand – wer kennt die berühmten Helden Karl Mays nicht? Gedreht wurde der größte Teil dieser Filmklassiker allerdings nicht in den USA, wie man vermuten könnte, sondern in Kroatien. Die Filmschaffenden fanden in den 1960er Jahren ideale Bedingungen vor: Von Wasserfällen und Flüssen bis zu zerklüfteten, trockenen Steinlandschaften ist alles dabei, was ein echter Western braucht. Du musst also nicht unbedingt den Atlantik überqueren, um eine einzigartige Wildwest-Kulisse zu erleben.

Einer der bekanntesten Drehorte der Winnetou-Filme sind die Plitvicer Seen. Der Nationalpark, der etwa 100 Kilometer von Senj entfernt liegt, ist seit 1979 sogar UNESCO-Weltnaturerbe. Die Plitvicer Seen, 16 an der Zahl, sind über ein System von Kaskaden, Wasserläufen und Höhlen miteinander verbunden. Die Seen erstrahlen in klarem Blau-Grün und wurden so zum perfekten Drehort für das Abenteuer von Winnetou und seinem Gefährten Old Shatterhand im Film „Der Schatz im Silbersee". Jährlich zieht der Nationalpark über eine Millionen Besucher*innen an – unter ihnen viele Karl-May-Fans, aber auch Naturliebende, die hier ebenso auf ihre Kosten kommen.

Eine andere, nicht weniger eindrucksvolle Kulisse, bietet der Nationalpark Paklencia in Dalmatien. Im Velebit-Gebirgsmassiv gelegen, ist er durchzogen von schroffen Felsformationen und tiefen Schluchten. Das Karstgebirge erinnert an die Erhabenheit amerikanischer Canyons und so wundert es nicht, dass dort die meisten Winnetou-Szenen gedreht wurden.

Für alle Winnetou-Fans: Das Winnetou-Museum im Ort Starigrad-Paklenica lohnt einen Besuch. Dort kannst du unter anderem originale Filmrequisiten bestaunen und so noch tiefer in die Welt des „Wilden Westens" eintauchen.

Brudet

EINE KROATISCHE FISCHSPEZIALITÄT

Es liegt in der Natur der Sache, dass ein Land am Mittelmeer auch kulinarisch die Schätze des Meeres im wahrsten Sinne des Wortes auskostet. Den *Brudet*, ein kroatischer Fischeintopf, der besonders in den Küstenregionen beliebt ist, sollte man sich nicht entgehen lassen. Dabei ist es allerdings gar nicht so einfach, das *eine* Rezept zu finden, denn ursprünglich wurde der Eintopf aus allerlei Fischresten oder dem Fang des Tages zubereitet. Mit folgenden Zutaten kannst du aber nichts falsch machen.

ZUTATEN für ca. 4 Portionen:

- 1,5 kg gemischter Fisch und Meeresfrüchte (z.B. fester weißer Fisch wie Rotbarbe, Flachkopf-Graubarbe, Gabelbart, Garnelen, Muscheln, Krebse)
- 3 EL Olivenöl
- 2 Zwiebeln
- 4 Zehen Knoblauch
- 500 g Dosentomaten
- 0,5 l Weißwein
- 0,5 l Wasser
- Salz und Pfeffer zum Abschmecken

SO GEHT'S:

Zur Vorbereitung den Fisch waschen und sorgfältig putzen. Dann in große Stücke schneiden (nicht zu klein, damit er beim Kochen nicht zerfällt). Die Zwiebeln und den Knoblauch kleinhacken und beides in etwas Olivenöl in einem großen Topf anschwitzen. Sobald die Zwiebeln glasig sind, die Dosentomaten hinzufügen und alles mit Salz und Pfeffer abschmecken. Nach etwa 10 Minuten Köcheln kommt der Fisch dazu. Anschließend mit Wein und Wasser aufgießen. Nun etwa 30 Minuten kochen lassen, bis der Fisch gar ist.

Achtung! Beim *Brudet* gibt es zwei goldene Regeln: den Topf nicht mit einem Deckel verschließen und nicht umrühren, da sonst das Risiko besteht, dass der Fisch zerfällt. Serviert wird der köstliche *Brudet* mit frischem Brot oder gebackener Polenta.

Dobar tek!

Die Weinberge von Plešivica

DIE KROATISCHE CHAMPAGNE

Wein aus Kroatien? Klingt erstmal außergewöhnlich, denn die meisten von uns denken bei Wein vom Mittelmeer zuerst an die berühmten Weinanbaugebiete in Italien, Frankreich und Spanien. Doch auch Kroatien hat hervorragende Weine und Schaumweine zu bieten. Bei der sogenannten „kroatischen Champagne" handelt es sich um die Weinberge von Plešivica, eine malerische Weinregion, die sich nur etwa 30 Kilometer entfernt von der Hauptstadt Zagreb erstreckt. Sie ist bekannt für ihre Weinproduktion und bietet eine atemberaubende Landschaft mit sanften Hügeln und terrassierten Weinbergen. So wird nicht nur der Weinbau an steilen Hängen ermöglicht, die Terrassen sorgen auch für die ideale Sonneneinstrahlung und Entwässerung für die Reben – und sind ganz nebenbei ein echter Hingucker an der Weinstraße. Im gemäßigt kontinentalen Klima von Plešivica gedeihen besonders helle Rebsorten wie Grau- und Weißburgunder, Rheinriesling, Sauvignon und Chardonnay, aber auch einige Rotweine, z.B. Pinot Noir oder Portugieser, und einheimische Sorten wie Moslavac (Furmint) gut.
Plešivica ist das kleinste Weinanbaugebiet Kroatiens, jedoch bekannt für seine qualitativ hochwertigen Weine. Die begrenzte Produktion und die sorgfältige Handarbeit in den Weinbergen tragen zur hohen Qualität der Weine bei.
Wenn du also edle Tropfen in entspannter Atmosphäre genießen möchtest und neugierig bist, neue Weinsorten zu kosten, lohnt sich ein Besuch in Plešivica unbedingt.

Strandflair für deine Küche

SELBSTBEDRUCKTE MUSCHEL-GESCHIRRTÜCHER

Sammelst du auch gerne Muscheln bei einem Strandspaziergang? Und wenn du zuhause bist, weißt du nicht genau, was du mit ihnen anfangen sollst? Natürlich eignen sie sich hervorragend als Deko im Bad oder auf dem Balkon, aber auch die heimische Küche sieht gleich gemütlicher mit einem mediterranen Touch aus, zum Beispiel mit Küchenhandtüchern, die du ganz einfach mit Textilfarbe und ein paar schönen Muscheln bedrucken kannst.

DAS BRAUCHST DU:

Muscheln nach Wahl
Textilfarbe nach Wahl
Pinsel
Dünne Baumwoll-Geschirrtücher (Frottee ist ungeeignet)
etwas Küchenkrepp

UND SO GEHT'S:

Suche dir zunächst Muscheln aus, die eine möglichst charakteristische Muschelform haben, damit man später deutlich erkennt, was gedruckt wurde. Du kannst hier auch mehrere verschiedene Muscheln verwenden, um ein hübsches Muster zu kreieren. Bemale die Muscheln nun mit einem Pinsel in einer Textilfarbe deiner Wahl. Um zu sehen, wie der Druck aussehen wird, mache ein paar Probe-Abdrücke auf ein Küchenkrepp. So kannst du auch besser einschätzen, wie viel Farbe du für den perfekten Abdruck auftragen musst. Sobald du zufrieden bist, kannst du die bemalten Muscheln auf dein Handtuch legen, kurz andrücken und dann vorsichtig wieder abziehen. Feinheiten kannst du mit deinem Pinsel und der Farbe korrigieren. Dabei muss nichts perfekt sein, denn genauso wie jede Muschel, wird auch jedes deiner Geschirrtücher ganz individuell!

Štrukli

DIE KROATISCHE VERSION DES STRUDELS

Kroatische *Štrukli* sind köstliche Teigrollen, die traditionell sowohl herzhaft als auch süß gefüllt werden. Optisch ähneln sie – wie der Name schon vermuten lässt – einem Strudel, der in unseren Breiten aber meist als Süßspeise zubereitet wird. Wie wäre es deshalb, mal eine herzhafte Version auszuprobieren?

ZUTATEN:

Für den Teig:

- 750 g Mehl
- 1 EL Schweineschmalz
- 200 ml Wasser
- 100 ml Pflanzenöl

Für die Füllung:

- 1 kg Frischkäse
- 200 ml saure Sahne
- 3 Eier
- 1 Prise Salz

SO GEHT'S:

Um den Teig herzustellen, zunächst das Mehl mit Schmalz, Öl und Wasser in eine Schüssel geben und entweder mit deinen Händen oder dem Knethaken deiner Küchenmaschine zu einem glatten Teig verarbeiten. Den Teig anschließend 30 bis 60 Minuten mit einem Küchentuch abgedeckt ruhen lassen. Währenddessen kannst du dich an die Zubereitung der Füllung machen. Dafür einfach Frischkäse, saure Sahne, Eier und Salz in einer weiteren Schüssel cremig aufschlagen. Wenn der Teig lange genug geruht hat, ein sauberes Küchentuch mit Mehl bestreuen und den Teig sehr dünn in Form eines Rechtecks darauf ausrollen. Nun die Füllung gleichmäßig auf dem Teig verteilen und ihn von der langen Seite her zu einer Rolle aufrollen. Die Rolle in ca. 8 cm große Stücke schneiden. Traditionell wird das in Kroatien mit einem Tellerrand gemacht. Die fertig geschnittenen Stücke auf ein Backblech legen, mit etwas Wasser bepinseln und in den bei 180 Grad vorgeheizten Ofen (Ober-/Unterhitze) auf der mittleren Schiene etwa 25 Minuten backen. Fertig sind die echt kroatischen *Štrukli*!

Nach dem Sternenhimmel
ist das Größte und Schönste,
was Gott erschaffen hat,

das Meer.

Adalbert Stifter

Griechenland

STECKBRIEF

EINWOHNER*INNEN: 10,4 Millionen

KÜSTENLÄNGE: 13.676 Kilometer (die längste im Mittelmeerraum)

DIE INSELN MIT DEN MEISTEN SONNENSTUNDEN:
Rhodos, Kreta und Santorini

MEERE: Mittelmeer mit Ionischem Meer und der Ägäis, Libysches Meer

ANZAHL DER INSELN: 3.054

DIE GRÖSSTEN INSELN (NACH FLÄCHE):
Kreta, Euböa, Lesbos

DIE TOP 3 DER SCHÖNSTEN STRÄNDE:
Myrtos Beach – Kefalonia
Glyfada Beach – Korfu
Elafonissi Beach – Kreta

REGIONEN MIT KÜSTE: alle

TOURISMUS: 31 Millionen Tourist*innen pro Jahr (2020)

FUN FACTS:

* Die griechische Nationalhymne hat 158 Strophen, es werden aber nur die ersten beiden gesungen.
* In Griechenland kann man Skifahren: in 25 Skigebieten mit über 186 Kilometern Piste, zum Beispiel im Pilion oder auf Kreta.
* In Griechenland feiert man den Namenstag größer als den Geburtstag.

Wassermelonen-Feta-Salat

DER PERFEKTE SOMMERSNACK

Karpousi (Wassermelone) und Feta – zwei Grundnahrungsmittel der Griechinnen und Griechen. Als sommerlich-leichte Alternative zum *Choriatiki*, dem griechische Bauernsalat, kannst du dir auch zuhause ein bisschen Hellas-Feeling in die heimische Küche holen. Das Beste: Die Wassermelone hat kaum Kalorien, aber mit dem Feta macht der Salat richtig satt.

ZUTATEN:

1 kg Wassermelonen-Fruchtfleisch
200 g Feta
50 g schwarze Oliven (halbiert)
Etwas frische Minze
Saft einer 1/2 Zitrone
Saft einer 1/2 Orange
2 EL Olivenöl
1 EL Honig
Salz
Nach Wunsch: 1 Msp. Chiliflocken
Nach Wunsch: 50 g Mandelkerne

SO GEHT'S:

Die Wassermelone zerteilen und das Fruchtfleisch auslösen. Die Kerne entfernen. Dann das Fruchtfleisch in 1-2 cm große Stücke schneiden und in eine Schüssel geben.
Für das Dressing Zitronen-, Orangensaft, Olivenöl, Honig und etwas Salz mischen. Wenn du es schärfer magst, kannst du auch noch ein wenig Chili hinzufügen. Dann das Dressing mit den Melonenstücken mischen und marinieren lassen. Zum Schluss den Feta über den Salat bröckeln und mit Oliven und Minzeblättern garnieren. Für mehr Crunch kannst du die Mandelkerne grob hacken, anrösten und am Schluss über dem Melonensalat verteilen.

Kali Orexi!

Bouzoukia, Rembetiko & Sirtaki

10 Songs für den Hellas-Ohrwurm zuhause

- DIMITRIS MITROPANOS – Roza (Rembetiko)
- STRATOS DIONISIOU – Vrehi fotia sti strata mou (Rembetiko)
- SOTIRIA BELLOU – De les kouventa (Rembetiko)
- STELIOS KAZANTZIDIS – Den tha xanagapiso
- MIKIS THEODORAKIS – Zorba's Dance
- MANOS HATZIDAKIS – To vals ton hamenon oniron
- VICKY MOSCHOLIOU – Ta dilina
- GIORGOS DALARAS – Pou 'ne ta chronia
- GIANNIS KOTSIRAS – Etsi ki allios
- LOCOMONDO – Frangosyriani

♫

Rembetiko

DIE SEELE DER GRIECHISCHEN VOLKSMUSIK

Bis heute ist in Griechenland der Rembetiko, der „griechische Blues“, fest in der Musik und in den Herzen der Menschen verwurzelt. Seinen Höhepunkt hatte er in den 1920er-Jahren in den Subkulturen von Thessaloniki, Athen und Piräus, als griechische Einwanderer aus Kleinasien den osmanischen Musikstil mit der griechischen Volksmusik verbanden. Die Themen des Rembetiko sind oft von einem Hauch Melancholie und Lebensweisheiten des „einfachen Volkes“ durchzogen. Die Texte spiegeln die Alltagsrealität der 1,2 Millionen kleinasiatischen Vertriebenen wider, die sich häufig als Tagelöhner durchschlagen mussten. Sie handeln von der Armut, dem Exil, Drogen, Kriminalität, aber auch von der Liebe und der Sehnsucht nach einer besseren Zukunft. Es sind Geschichten des Alltags, der harten Arbeit und der Träume. Bouzouki, Baglamas und Gitarre sind typische Instrumente, die den einzigartigen Klang des Rembetiko lebendig machen.

Während der Zeit der Militärdiktatur von 1967 bis 1974 wurde der Rembetiko als subversiv angesehen. Die kritischen Texte brachten die Interpret*innen oft in Konflikt mit den Behörden, die seine Verbreitung und Aufführung einschränkten. Aber der Rembetiko überlebte und durch Künstler wie Mikis Theodorakis und Manos Hatzidakis wurde er auch international bekannt.

Heute wird der Rembetiko als eine der wichtigsten und einflussreichsten Formen der griechischen Volksmusik anerkannt. Er hat die Entwicklung der modernen griechischen Musik stark beeinflusst und seine Authentizität bewahrt. Und ist für viele junge Musiker*innen weiterhin ein lebendiger Ausdruck der Geschichte, Kultur und Identität Griechenlands und Inspiration für neue musikalische Wege.

TIPP:

In vielen Tavernen, Ouzerien und Clubs kann man den Rembetiko live erleben.
Und für zuhause: Den Film „Rembetiko“ (1983, R: Kostas Ferris) anschauen.

Die letzten Schwammtaucher von Kalymnos

Die kleine Dodekanes-Insel Kalymnos ist berühmt für das Schwammtauchen. Da die karge Vulkaninsel nur zu einem Fünftel für die Landwirtschaft geeignet ist, mussten die Bewohner*innen einen lukrativeren Wirtschaftszweig entdecken. Was lag da näher, als sich das Meer zur Hilfe zu holen und nach dem braunen Gold der Ägäis zu tauchen.
Die Tradition des Apnoetauchens nach Naturschwämmen lässt sich bis in die Antike zurückverfolgen und ist damit die älteste Form des Tauchens. Wagemutige Männer fuhren mit ihren Booten auf das offene Meer hinaus und stürzten sich bis zu 30 Meter in die Tiefe. Ganz ohne Sauerstoff und meist vollkommen nackt, um keinen weiteren Ballast zu tragen. Mit einem 10-15 Kilogramm schweren Stein (*Skandalópetra*) wurden sie nach unten gelassen, suchten nach Schwämmen und schnitten sie ab, ließen aber immer 2 cm der Schwammkultur stehen, damit sie nachwaschen konnte. Bis zu fünf Minuten konnten erfahrene Schwammtauscher die Luft anhalten und unter Wasser bleiben.
Als ab 1865 der *Skáfandros*, ein Tauchanzug mit Tauchglocke und Eisenschuhen, eingeführt wurde, war das nicht nur ein Segen. Die Taucher konnten jetzt zwar 80 Meter in die Tiefe tauchen, aber viele ereilte die Taucherkrankheit.
Mit dem Aufkommen von synthetischen Schwämmen verloren das Schwammtauchen und der Schwammhandel an Bedeutung, heute werden die Schwämme der Ägäis hauptsächlich in den Souvenirshops der Inseln angeboten. Der Klimawandel, die Verschmutzung der Meere und eine mysteriöse Schwammkrankheit tragen ihren Teil dazu bei, dass die Tradition des Schwammtauchens langsam ausstirbt. Noch gibt es aber einige mutige Taucher, die sich Jahr für Jahr in die Tiefe der Ägäis stürzen – das Schwammtauchen in Kalymnos ist eben mehr als ein Beruf, es ist eine Leidenschaft, die einen nicht mehr loslässt.

FILMTIPP:

Im Rausch der Tiefe (1988, R: Luc Besson): ein Filmklassiker über das Apnoetauchen, der z. T. auf der bezaubernden Insel Amorgos spielt.

SEA SPONGES

Thalatta! Thalatta!

Sei mir gegrüßt, du ewiges Meer!
Sei mir gegrüßt zehntausendmal,
Aus jauchzendem Herzen,
Wie einst dich begrüßten
Zehntausend Griechenherzen,
Unglückbekämpfende, heimatverlangende,
Weltberühmte Griechenherzen.

Heinrich Heine, *Meergruß*

Weltmeister der guten Wünsche

Dass die Griechinnen und Griechen ein sehr herzliches Volk sind, ist dir bestimmt schon im Urlaub aufgefallen. Eine Spezialität der Sprache und der kulturellen Gepflogenheiten ist das Grüßen und Wünschen. Man wünscht sich eigentlich zu jeder Gelegenheit etwas Gutes, nicht nur zum Geburtstag, zu Weihnachten oder Ostern, sondern auch im Alltag. Wenn du dir ein paar der Wünsche merkst, kannst du bei deinem nächsten Griechenlandbesuch punkten – die Griech*innen werden begeistert sein und dich höchstwahrscheinlich sofort in ihr Herz schließen.

GRIECHISCHER WUNSCH	ÜBERSETZUNG	ANLASS
Kalo vradi	Guten Abend	z.B beim Verlassen der Taverne am Abend
Kalo ximeroma	Gute Morgendämmerung	Beim Abschied spät nachts
Kali evdomada	Gute Woche	Wünscht man sich am Montag
Kalo taxido	Das Fahrzeug soll einen immer gut transportieren	Beim Kauf eines Autos
Na sisete	Ihr sollt leben!	Zur Hochzeit
Chronia polla	Viele Jahre	Der Standardwunsch zum Geburtstag, Namenstag und als Gruß an Feiertagen
Na tin / ton chairese	Sie /er soll euch Freude machen	Zum Geburtstag / Namenstag an die Eltern, Großeltern, Geschwister
Kali proponisi	Gutes Training	Beim Sport
Kali dinami	Gute Kraft, viel Kraft	Wünscht man, wenn etwas Schwieriges bevorsteht
Kali chronia	Gutes neues Jahr	An Neujahr und bis Mitte Januar
Kalos irthes / kalos irthate	Herzlich willkommen	Wenn jemand ankommt
Kalos se vrika / kalos sas vrika	Wörtlich: Herzlich habe ich dich / Sie gefunden.	Als Antwort auf Kalos irthes / kalos irthate

Alexis Sorbas

Alexis Sorbas ist der Inbegriff des griechischen Lebenskünstlers und sympathischen Taugenichts. Mit seinem Entwicklungs- und Schelmenroman „Alexis Sorbas“ wurde der bekannteste griechische Schriftsteller des 20. Jahrhunderts Nikos Kazantzakis weltberühmt. Der Stoff wurde 1964 mit Anthony Quinn in der Hauptrolle verfilmt und gewann drei Oscars. Und Mikis Theodorakis komponierte dafür eines der wohl bekanntesten griechischen Lieder „Zorba's Dance“ – aus ihm entstand der ikonische Sirtaki, den man heute auf der ganzen Welt mit Griechenland verbindet.

> Ein blaues Meer, ein lieblicher Herbst! Die Inseln waren in Licht getaucht. Ein feiner durchsichtiger Regenschleier bedeckte die unsterbliche Nacktheit Griechenlands. Glücklich der Mensch, dachte ich, der vor seinem Tod für würdig befunden wird, das Ägäische Meer zu befahren. Viele Freuden bietet diese Welt – Frauen, Früchte, Ideen. Doch gibt es, glaube ich, keine Freude, die das menschliche Herz so bewegt, so tief in das Paradies versenken kann, als wenn man, den Namen jeder einzelnen Insel flüsternd, auf einem Schiff die Wogen dieses Meeres durchfurcht. Nirgends woanders wird man so friedlich und behaglich aus der Wirklichkeit in den Traum versetzt. Die Grenzen verschwimmen, und die Masten selbst des altersschwächsten Schiffes treiben Knospen und Weintrauben. Hier in Griechenland ist das Wunder die sichere Blüte der Notwendigkeit.
>
> Gegen Mittag hatte der Regen nachgelassen. Die Sonne zerriß die Wolken, zeigte sich frisch, zart, neu gebadet und hätschelte mit ihren Strahlen die geliebten Gewässer und Küsten. Ich stand am Bug des Schiffes und genoß das Wunder bis zum fernen Horizont.

aus: Nikos Kazantzakis, *Alexis Sorbas*

Olivenöl-Rosmarin-Bodylotion

EIN MEDITERRANES VERWÖHNERLEBNIS FÜR DEINE HAUT

Olivenöl ist die ideale Basis für eine naturbelassene Bodylotion, denn es spendet Feuchtigkeit, fördert die Zellfunktion der Haut und beugt sogar Falten vor. Zusammen mit einem natürlichen Aromaöl, wie zum Beispiel Rosmarin, entfaltet die Lotion den ganzen Duft des Mittelmeerraums.

DAS BRAUCHST DU:

Ein sauberes Gefäß mit Verschluss
Einen Pürierstab
Zwei Töpfe

ZUTATEN:

75 ml Rosenwasser oder abgekochtes Wasser
100 ml Olivenöl
3 EL Bienen- oder Carnaubawachs
5–10 Tropfen ätherisches Rosmarin-Öl

SO GEHT'S:

Gib das Olivenöl zusammen mit dem Bienen- oder Carnaubawachs in einen Topf und schmelze es im Wasserbad auf dem Herd. Rühre die Mischung, bis alles vollständig geschmolzen ist, und nimm sie dann vom Herd. Erwärme das Rosenwasser in einem anderen Topf im Wasserbad. Gieße das Rosenwasser in die Öl-Wachs-Mischung. Verwende einen Pürierstab, um die Zutaten gründlich zu vermengen, bis eine cremige Konsistenz entsteht. Füge nun das ätherische Rosmarin-Öl hinzu. Gieße dann die fertige Lotion in ein sauberes Gefäß mit Verschluss. Und vergewissere dich, dass es luftdicht verschlossen ist. Die Bodylotion ist etwa vier Wochen haltbar, im Kühlschrank sogar bis zu acht Wochen.

Der griechische Frappé

VIEL MEHR ALS KALTER KAFFEE

Der Frappé ist Kult. Kein Treffen mit Freund*innen im Café, am Strand oder zuhause kommt ohne die erfrischende, kalte Kaffeespezialität aus. Denn der Frappé ist mehr als ein leckeres Getränk, er ist Synonym für Geselligkeit, anregenden Plausch, Entspannung und für langsamen Genuss. Niemand in Griechenland käme auf die Idee, schnell einen Espresso an der Bar zu trinken, ganz anders als es in Italien üblich ist. Man trinkt ihn zu jeder Tageszeit und auch spät abends – ein Frappé geht einfach immer.

Erfunden wurde er durch einen Zufall. Auf einer Messe in Thessaloniki 1957 soll ein Angestellter kein warmes Wasser für die Zubereitung seines Instant-Kaffees gefunden haben, er verwendete dann einfach kaltes und voilá – der erste Frappé war geboren.

Löslicher Instant-Kaffee, eiskaltes Wasser, Eiswürfel und ggf. noch Zucker und Milch, das Ganze dann in einem Shaker mixen – mehr braucht es nicht für einen gute Frappé. Es gibt ihn in drei Varianten: *sketo* (ohne Zucker), *metrio* (mit einem Löffel Zucker) oder *glyko* (mit zwei Löffeln Zucker). Wer möchte, kann ihn dann noch *me gala* (mit Milch) bestellen.

In den letzten Jahren hat der Frappé Konkurrenz bekommen. Der Freddo versucht ihm den Rang abzulaufen. Der Unterschied besteht darin, dass beim Freddo italienischer Espresso verwendet wird und kein Instant-Kaffee. Man könnte den Freddo also auch als eine Weiterentwicklung des Frappé sehen. Beide sind köstlich und die idealen Begleiter für die heißen Sommertage.

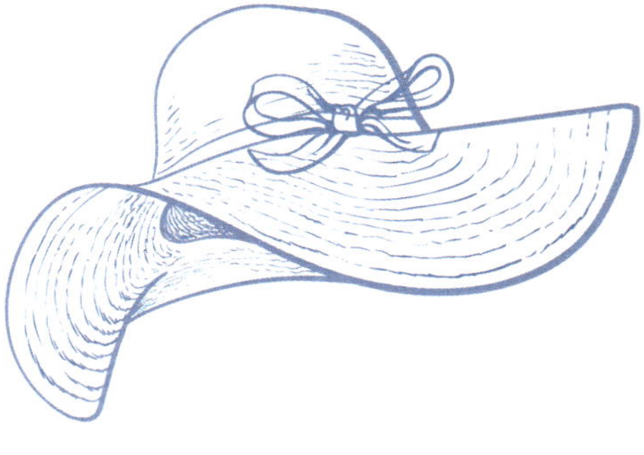

SO KANNST DU DEN FRAPPÉ ZUHAUSE ZUBEREITEN:

Gib einen Teelöffel Instant-Kaffee und einen Schluck kaltes Wasser in einen Shaker. Wenn du möchtest, auch 1-2 Teelöffel Zucker und/oder Milch.
Dann schüttle das Gemisch, bis ein fester Schaum entsteht.
Gib den Schaum in ein hohes Glas und fülle es mit eiskaltem Wasser und 3-4 Eiswürfeln auf.
Dann noch einen Strohhalm und der Frappé ist fertig zum Genießen.

Christos Anesti

OSTERN IN GRIECHENLAND

Das Osterfest ist tief in der griechischen Kultur und der orthodoxen Religion verwurzelt. Es ist das Fest der Feste, und wer die Gelegenheit hat, sollte es auf keinen Fall verpassen.

Christos Anesti (Christus ist auferstanden) wünscht man sich in Griechenland in der Nacht zum Ostersonntag nach der Auferstehungsfeier (*Anastasi*), dem Höhepunkt der Osterfeierlichkeiten. Die Antwort lautet: *Alithos Anesti* (Wahrhaftig, er ist auferstanden). Die Osterkerzen (*Paschalini Lambada*) werden entzündet und die Nacht in ein Lichtermeer getaucht. In einigen Regionen Griechenlands werden auch Osterfeuer (*Lambadades*) entfacht, um die Auferstehung Christi zu feiern.

Die Vorbereitung auf Ostern beginnt aber schon viel früher, nämlich am Rosenmontag mit dem Beginn des traditionellen Osterfastens (*Nistia*). Viele Griech*innen verzichten in der Fastenzeit auf tierische Produkte wie Fleisch, Fisch, Milch und Eier.

In der Karwoche finden täglich Messen statt und das große Fest wird vorbereitet: Das *Tsoureki* (Osterbrot) wird gebacken (oder gekauft), das Osterlamm vorbereitet und die Eier traditionell rot gefärbt.

In der Osternacht wird dann das Fasten gebrochen mit der *Magirítsa*, einer Suppe aus Lamm-Innereien. Danach kann das Fest kommen und viele Griech*innen fahren in ihre Herkunftsdörfer, grillen das Osterlamm und feiern mit der ganzen Familie und dem Freundeskreis mit Musik und Tanz. Aber auf keinen Fall darf das Eierpecken (*tsougrisma*) fehlen. Dabei werden zwei rote Eier gegeneinandergeschlagen und wessen Ei heil bleibt, der oder dem ist das Schicksal im nächsten Jahr wohlgesonnen.

Tsoureki

DAS GRIECHISCHE OSTERBROT

Es gibt kein griechisches Osterfest ohne das klassische *Tsoureki.* Das Hefegebäck, das an eine Brioche erinnert und oft mit den roten Ostereiern verziert ist, beendet die Fastenzeit und wird am Ostersonntag verspeist. Gerne wird es auch im Freundeskreis und traditionell an die Patin oder den Paten verschenkt. Heute kauft man den Hefezopf auch oft in Konditoreien, wo es unzählige Varianten gibt. Aber es kommt nichts ran an das von der *Giagia* (Oma) gebackene Brot. Tipp: Die typischen Zutaten Machlepi und Mastix am besten im Griechenlandurlaub kaufen oder online bestellen.

ZUTATEN:

500 g Weizenmehl Typ 405
20 g frische Hefe
150 ml lauwarme Milch
100 g Zucker
50 g Butter
3 Eier
1 Bio-Orange (Abrieb)
1 Prise Salz
1/2 TL geriebenes Machlepi (Alternativ: 1/4 TL geriebene Muskatnuss und ein Päckchen Vanillezucker)
1/2 TL zermahlener Mastix (Alternativ: Abrieb einer Zitrone)

ZUM BESTREICHEN UND VERZIEREN:

1 Eigelb mit 2 EL Milch
Sesam oder Mandelblättchen
3 gekochte, rotgefärbte Eier

SO GEHT'S:

In einer kleinen Schüssel die Hefe in der lauwarmen Milch auflösen. Einen Teelöffel Zucker und einen Esslöffel Mehl hinzufügen und den Vorteig etwa 15 Minuten ruhen lassen. Das restliche Mehl in eine große Schüssel sieben und in der Mitte eine Vertiefung machen. Die Hefe-Milch-Mischung in die Vertiefung gießen und leicht vermengen. Zucker, Eier, weiche Butter, Machlepi, Mastix, Salz und die Orangenschale hinzufügen. Alles gut vermengen, bis ein weicher Teig entsteht. Den Teig auf einer bemehlten Oberfläche etwa 10-15 Minuten kneten, bis er glatt und elastisch ist.
Den Teig in eine Schüssel geben, mit einem sauberen Geschirrtuch abdecken und an einem warmen Ort etwa 2-3 Stunden gehen lassen, bis sich sein Volumen verdoppelt hat.

Den aufgegangenen Teig in drei gleichgroße Teile teilen. Aus jedem Teil eine lange Schlange formen und die drei Stränge zu einem Zopf flechten. Den Zopf auf ein mit Backpapier ausgelegtes Backblech legen und nochmals 20-30 Minuten gehen lassen. Dann das Eigelb mit etwas Milch verquirlen und das *Tsoureki* damit bestreichen, mit Mandeln oder Sesam bestreuen. Zum Schluss drei Mulden in den Zopf drücken und die gekochten Eier platzieren. Bei 180 Grad im vorgeheizten Backofen etwa 30-40 Minuten backen, bis er goldbraun ist.

Kreta

DIE INSEL DES LICHTS

Wer nach Kreta reist, wird viel entdecken. Die größte Insel Griechenlands und die fünftgrößte des Mittemeers ist so vielfältig und einzigartig wie die Geschichten der alten Götter selbst. Der Göttervater Zeus wurde hier geboren. Seine Mutter Rhea versteckte ihn dort, um ihn vor seinem Vater Kronos zu schützen, der befürchtete, dass einer seiner Söhne ihn entthronen würde. Der Plan ging auf, denn Zeus wurde bekanntlich zum höchsten der olympischen Götter.

Doch die Insel besticht vor allem durch die atemberaubende Schönheit. Das über 2.000 Meter hohe Psiloritis- oder Ida-Gebirge mit seinen tiefen Schluchten, allen voran die berühmte Samaria-Schlucht, und stille Hochebenen sind ein Paradies für Wander- und Naturliebende. Im Winter kann man in den Bergen sogar Skifahren.

Für Pausen vom Wandern lädt das Mittelmeer mit vielen der schönsten Strände Griechenlands zum Schwimmen und Baden ein. Von der lebendigen Energie von Elafonissi mit seinem pinkfarbenen Sand bis zum ruhigen Charme von Balos, wo das türkisblaue Wasser und die goldenen Sanddünen eine paradiesische Kulisse bieten.

Kreta ist also ein wahrer Tausendsassa und hat für jeden Geschmack etwas parat. Die vollkommene Schönheit offenbart die Insel vielleicht erst abends, bei einem Glas Retsina oder Raki, wenn die Sonne langsam ins Meer sinkt und ihr Licht die Insel magisch leuchten lässt. Dann kann man Nikos Kazantzakis, den bedeutendsten griechischen Schriftsteller des 20. Jahrhunderts, gut verstehen:

„Ich hoffe nichts, ich fürchte nichts,
ich bin frei."

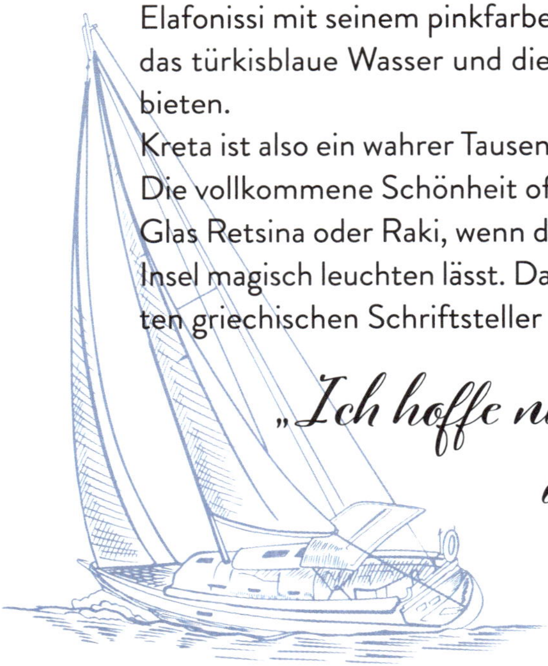

Wir müssen uns
von der **Hoffnung** befreien,
dass das Meer jemals zur Ruhe kommen wird.
Wir müssen lernen,
bei starkem Wind zu segeln.

Aristoteles

Konzeption, Texte und Textredaktion: Susanne Lieb, www.lieb-schafft.com
Bildredaktion und Programm-Management: Elisabeth Steppich

Quellennachweis:
George Sand, *Ein Winter auf Mallorca*. Aus: Wilhelm Goldmann Verlag, 2006 (Teil 3, Kapitel 1, S.134/135). Aus dem Franz. von Annette Keilhauer
F. Scott Fitzgerald, *Zärtlich ist die Nacht*. Aus dem Amerikanischen von Renate Orth-Guttmann. Copyright der deutschsprachigen Übersetzung © 2006, 2007 Diogenes Verlag AG Zürich
Nina George, *Das Lavendelzimmer*. Aus: Nina George: Das Lavendelzimmer © Verlagsgruppe Droemer Knaur GmbH & Co. KG, München, 2014
Elena Ferrante, *Frau im Dunkeln*. Aus: Elena Ferrante, Frau im Dunkeln © Suhrkamp Verlag Frankfurt am Main, 2019. Alle Rechte bei und vorbehalten durch Suhrkamp Verlag Berlin AG
Nikos Kazantzakis, *Alexis Sorbas*. Mit freundlicher Genehmigung des Langen Müller Verlags GmbH, München. Kazantzakis, Alexis Sorbas © 2017 by Langen Müller GmbH, München

Textnachweis: Wir danken allen Autoren bzw. deren Erben, die uns freundlicherweise die Erlaubnis zum Abdruck von Texten erteilt haben.

Bildnachweis: Cover: Flavio Spugna/Getty Images (Faraglioni Felsen auf Capri); Young777/Getty Images (Orangen); MelanieMaya/Getty Images (Picknick); Shutterstock.com (Illustrationen);
Innenteil: Alle Fotos und Illustrationen: Shutterstock.com; außer: S. 8: Cris Cantón/Getty Images; S. 11: vulcanus/stock.adobe.com (Haus), Lia Aramburu/stock.adobe.com (Katze); S. 14: pulinosa/stock.adobe.com; S. 20/21: joseangelviso/stock.adobe.com; S. 22: Eismann Medien/stock.adobe.com (Kuchen); S. 25: dietwalther/stock.adobe.com (Landschaft), hk13114/stock.adobe.com (Sardinen), Alex Tihonov/stock.adobe.com (Straße), aterrom/stock.adobe.com (Alhambra); S. 32: Yana Iskayeva/Getty Images (Champagner); S. 36: urbazon/Getty Images; S. 42: hardyuno/stock.adobe.com (Ziegen), Frog 974/stock.adobe.com (Steilküste), Martin/stock.adobe.com (Landschaft); S. 49: PHILETDOM/stock.adobe.com (Pastis); S. 50/51: Marco Bottigelli/Getty Images; S. 54: Astrakan Images/Getty Images; S. 55: jirasaki/stock.adobe.com; S. 56: Татьяна Горбатюк/stock.adobe.com; S. 63: Acker/stock.adobe.com; S. 64/65: I just try to tell my emotions and take you around the world/Getty Images; S. 93: shaiith/stock.adobe.com; S. 97: travnikovstudio/stock.adobe.com (Cafétische); S. 98/99: icemanphotos/stock.adobe.com; S. 102: Westend61/Getty Images; S. 103: Татьяна Горбатюк/stock.adobe; S. 106: hectorchristiaen/stock.adobe.com (Frauen mit Osterbrot); S. 109: Brent Hofacker/stock.adobe.com;

Cover: Barbara Fuchs
Layout und Satz: Sabine Schröder

Gesamtherstellung: Drukarnia Dimograf Sp. z o.o., Bielsko Biała

Aus Verantwortung für die Umwelt hat sich die Verlagsgruppe Droemer Knaur
zu einer nachhaltigen Buchproduktion verpflichtet. Der bewusste Umgang mit unseren Ressourcen,
der Schutz unseres Klimas und der Natur gehören zu unseren obersten Unternehmenszielen.

Gemeinsam mit unseren Partnern und Lieferanten setzen wir uns für eine klimaneutrale Buchproduktion ein,
die den Erwerb von Klimazertifikaten zur Kompensation des CO_2-Ausstoßes einschließt.

Weitere Informationen finden Sie unter:
www.klimaneutralerverlag.de

Sonne, Meer und Glück
GTIN 978-3-8485-0240-0

www.geschenkverlage.de

MIX
Papier | Fördert gute Waldnutzung
FSC® C018236

1 2 3 4 5

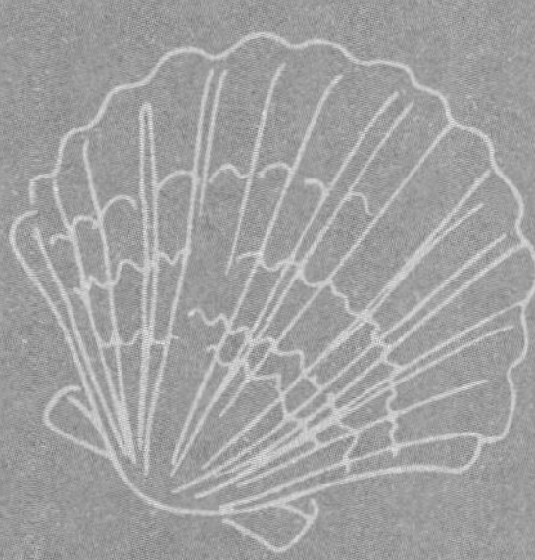